HEYNE KOCHBÜCHER

Dr. Oetker

Minitorten

WILHELM HEYNE VERLAG
MÜNCHEN

VORWORT

Klein, aber fein – das ist hier die Devise. Im kleinen Format präsentieren sich verführerische Torten und köstliche Kuchen oder klassische Törtchen.

Wer seine Kaffeegäste mal nicht mit einer großen Torte, sondern mit zwei hübsch verzierten Minitorten oder -kuchen überraschen möchte, findet hier vielfältige Anregungen.

Auch als Geschenk, hübsch verziert und dekorativ verpackt, sind die kleinen Backideen begehrt.

Minitorten

Minikuchen

Törtchen und Gebäcke

SEITE 66-79

Kalte Backideen

SEITE 80-91

RATGEBER SEITE 92-93

MINI-TORTEN

*BLAUBEER-RICOTTA-TORTE,
REZEPT SEITE 10*

DIE ZUTATEN:

FÜR DEN BODEN:
100 g ZWIEBACK
100 g BUTTER
1 PCK. GERIEBENE
ZITRONENSCHALE

FÜR DIE FÜLLUNG:
6 BLATT WEISSE
GELATINE
250 g RICOTTA
(ITAL. FRISCHKÄSE)
250 g BLAUBEEREN
75 g ZUCKER
GERIEBENE
MUSKATNUSS
200 ml SCHLAGSAHNE

ZUM EINSTREICHEN:
300 ml SCHLAGSAHNE
1 PCK. SAHNESTEIF
1 TL ZUCKER

DIE ZUTATEN:

FÜR DEN KNETTEIG:
180 g WEIZENMEHL
½ PCK. BACKPULVER
90 g ZUCKER
1 PCK. VANILLIN-ZUCKER
90 g WEICHE BUTTER
1 EI (GRÖSSE S)

FÜR DIE FÜLLUNG:
500 g ÄPFEL
1 PCK. PUDDING-PULVER
VANILLE-GESCHMACK
500 ml (½ l) WEISSWEIN
75 g ZUCKER
250 ml (¼ l) SAHNE
1 TL ZUCKER
KAKAOPULVER
1 EL SCHOKORASPEL

BLAUBEER-RICOTTA-TORTE

(SPRINGFORM: Ø 20 CM – FOTO SEITE 8/9)

1. Für den Boden den Zwieback in einen Gefrierbeutel geben und mit einer Teigrolle fein zerbröseln.

2. Die Butter in einem Topf zerlassen, Zitronenschale und Zwiebackbrösel gut unterrühren. Die Masse in einer Springform (gefettet, mit Backpapier ausgelegt) zu einem glatten Boden andrücken.

3. Für die Füllung die Gelatine nach Packungsanleitung einweichen und auflösen. Den Ricotta mit den abgespülten, trockengetupften Blaubeeren pürieren. Zuerst Zucker und geriebene Muskatnuss, dann die Gelatine unterrühren. Die Masse so lange kalt stellen, bis sie anfängt zu gelieren. Die Sahne steif schlagen, unterheben, alles in die Springform füllen und glatt streichen. Die Torte 3 Stunden kalt stellen.

4. Zum Einstreichen die Sahne mit Sahnesteif und Zucker steif schlagen. Die Torte aus der Form lösen und mit Sahne (2 Esslöffel zurücklassen) einstreichen. Die übrige Sahne mit der runden Seite eines Teelöffels ungleichmäßig auf der Torte verteilen und mit etwas Muskat bestäubt servieren.

WEINTORTE MIT ÄPFELN

(TARTEFORM: Ø 20 CM – FOTO)

1. Für den Teig Mehl und Backpulver mischen, in eine Rührschüssel sieben. Zucker, Vanillin-Zucker, Butter und Ei hinzufügen. Die Zutaten mit dem Handrührgerät mit Knethaken kurz auf niedrigster, dann auf höchster Stufe gut durcharbeiten.

2. Anschließend auf der bemehlten Arbeitsfläche zu einem glatten Teig verkneten, sollte er kleben, ihn eine Zeit lang kalt stellen. Den Teig zu einer Platte (Ø etwa 25 cm) ausrollen, die gefettete Tarteform damit auslegen.

3. Für die Füllung Äpfel schälen, vierteln, entkernen, in kleine Würfel schneiden und auf dem Teigboden verteilen. Pudding-Pulver mit Wein und Zucker unter Rühren aufkochen lassen, über die Äpfel geben. Die Form auf dem Rost in den Backofen schieben.

Ober-/Unterhitze: etwa 180 °C (vorgeheizt), **Heißluft:** etwa 160 °C (nicht vorgeheizt) **Gas:** etwa Stufe 3 (vorgeheizt), **Backzeit:** etwa 40 Minuten.

4. Den Kuchen einige Stunden in der Form erkalten lassen. Vor dem Servieren Sahne und Zucker steif schlagen, in einen Spritzbeutel füllen und in großen Rosetten auf den Kuchen spritzen. Mit Kakao bestäuben und mit Schokoraspeln bestreuen.

DIE ZUTATEN:

FÜR DEN BISKUITTEIG:
30 g ABGEZOGENE,
GEMAHLENE MANDELN
2 EIER (GRÖSSE M)
2 EL HEISSES WASSER
60 g ZUCKER
1 PCK. VANILLIN-ZUCKER
30 g WEIZENMEHL
½ GESTR. TL BACK-
PULVER
20 g ZERLASSENE BUTTER

FÜR DIE FÜLLUNG:
1 DOSE MANDARIN-
ORANGEN
(ABTROPFGEWICHT 190 g)
250 ml (¼ l) SCHLAG-
SAHNE
½ PCK. SAHNESTEIF
ETWAS ABGERIEBENE
ZITRONENSCHALE
1 TL ZUCKER

PUDERZUCKER

ECKIGE MANDARINENTORTE

(BACKBLECH: 35 × 18,5 CM)

1. Für den Teig die Mandeln in einer Pfanne ohne Fett anrösten. Eier und Wasser mit dem Handrührgerät mit Rührbesen auf höchster Stufe in 1 Minute schaumig schlagen. Zucker mit Vanillin-Zucker mischen, in 1 Minute einstreuen, dann noch etwa 2 Minuten schlagen.

2. Mehl und Backpulver mischen, auf die Eiercreme sieben und kurz auf niedrigster Stufe unterrühren. Butter und Mandeln vorsichtig unterrühren. Den Teig auf das mit Backpapier belegte Backblech geben und glatt streichen. Das Backblech sofort auf dem Rost in den Backofen schieben.

Ober-/Unterhitze: etwa 200 °C (vorgeheizt), **Heißluft:** –
Gas: etwa Stufe 4 (vorgeheizt), **Backzeit:** etwa 10 Minuten.

3. Die Biskuitplatte sofort nach dem Backen auf ein mit Zucker bestreutes Backpapier stürzen, das mitgebackene Papier abziehen und den Biskuit erkalten lassen. Die Biskuitplatte dann einmal senkrecht in der Mitte durchschneiden.

4. Für die Füllung Mandarin-Orangen auf einem Sieb abtropfen lassen, den Saft dabei auffangen. Sahne mit Sahnesteif steif schlagen und mit 2 Esslöffeln Mandarinensaft, Zitronenschale und Zucker fruchtig abschmecken. Die Mandarinen unterheben.

5. Die Mandarinensahne auf die eine Gebäckhälfte streichen, die zweite Hälfte darauf legen. Die Torte bis zum Verzehr einige Zeit kalt stellen.

6. Vor dem Servieren aus Papier eine Schablone schneiden, auf den Kuchen legen, Puderzucker darüber stäuben und die Papierschablone entfernen.

Obsttorte

(Springform: Ø 16 cm)

1. Für den Teig Eier und Wasser mit dem Handrührgerät mit Rührbesen auf höchster Stufe in 1 Minute schaumig schlagen. Zucker mit Vanillin-Zucker mischen, in 1 Minute einstreuen, dann noch etwa 2 Minuten schlagen.

2. Mehl und Backpulver mischen, auf die Eiercreme sieben und kurz auf niedrigster Stufe unterrühren. Den Teig in die Springform (Boden gefettet, mit Backpapier belegt) füllen und sofort backen.

Ober-/Unterhitze: etwa 180 °C (vorgeheizt), **Heißluft:** –
Gas: etwa Stufe 3 (vorgeheizt), **Backzeit:** etwa 20 Minuten.

3. Den Tortenboden auf einen Kuchenrost stürzen, das Backpapier abziehen und den Tortenboden erkalten lassen. Den Boden einmal waagerecht durchschneiden.

4. Für die Vanillecreme die Eier mit dem Handrührgerät mit Rührbesen schlagen. Zucker und Vanillin-Zucker einrieseln lassen, dabei weiterrühren.

5. Die Masse im heißen Wasserbad schlagen, bis sie cremig ist. Aus dem Wasserbad nehmen und weiterschlagen, bis die Creme abgekühlt ist. Die Butter so lange schlagen, bis sie sahnig ist. Dann die Eiercreme unterrühren. Einen Teil der Vanillecreme auf den unteren Boden streichen, den oberen Boden darauf legen. Tortenoberfläche und -rand mit der restlichen Creme bestreichen.

6. Die Torte nach Belieben mit den vorbereiteten Früchten belegen. Den Tortenrand mit den gehackten Mandeln bestreuen, mit den gehobelten Mandeln spicken und mit den Orangenschalenstreifen garnieren.

DIE ZUTATEN:

FÜR DEN BISKUITTEIG:
2 EIER (GRÖSSE M)
2 EL HEISSES WASSER
60 g ZUCKER
1 PCK. VANILLIN-ZUCKER
60 g WEIZENMEHL
½ TL BACKPULVER

FÜR DIE VANILLECREME:
3 EIER (GRÖSSE M)
100 g ZUCKER
1 PCK. VANILLIN-ZUCKER
150 g WEICHE BUTTER

EINIGE FRISCHE FRÜCHTE, Z.B. KIWI, ERDBEEREN, WEINTRAUBEN, HIMBEEREN, BROMBEEREN
ABGEZOGENE, GEHACKTE, GEBRÄUNTE MANDELN
ABGEZOGENE, GEHOBELTE, GEBRÄUNTE MANDELN
ORANGENSCHALEN-STREIFEN

FÜR DEN KNETTEIG:

75 g WEIZENMEHL

20 g ZUCKER

½ PCK. VANILLIN–ZUCKER

50 g WEICHE BUTTER

FÜR DEN BISKUITTEIG:

2 EIER

2 EL HEISSES WASSER

60 g ZUCKER

½ PCK. VANILLIN-ZUCKER

60 g WEIZENMEHL

1 MSP. BACKPULVER

35 g ZERLASSENE,
ABGEKÜHLTE BUTTER

FÜR DIE FÜLLUNG:

1 EL APRIKOSEN-
KONFITÜRE

1 REIFE MANGO
(ETWA 500 g)

3 BLATT WEISSE GELATINE

400 g MAGERQUARK

40 g ZUCKER

1 PCK. VANILLIN-ZUCKER

SAFT VON 1 LIMETTE

200 ml SCHLAGSAHNE

FÜR DEN BELAG:

½ PCK. TORTENGUSS,
KLAR

125 ml (⅛ l) MULTI-
VITAMIN- ODER APFEL-
SAFT

EVTL. ZUCKER

EINIGE HIMBEEREN

LIMETTENSCHALEN-
STREIFEN

MANGO-KUPPEL-TORTE

(SPRINGFORM: Ø 20 CM)

1. Für den Knetteig das Mehl in eine Rührschüssel sieben. Zucker, Vanillin-Zucker und Butter hinzufügen. Die Zutaten mit dem Handrührgerät mit Knethaken zunächst kurz auf niedrigster, dann auf höchster Stufe gut durcharbeiten.

2. Anschließend auf der Arbeitsfläche zu einem glatten Teig verkneten. Den Teig auf einem gefetteten Springformboden ausrollen, mehrmals mit einer Gabel einstechen und mit dem Springformrand auf dem Rost in den Backofen schieben.

Ober-/Unterhitze: etwa 200 °C (vorgeheizt), **Heißluft:** etwa 180 °C (vorgeheizt)
Gas: etwa Stufe 4 (vorgeheizt), **Backzeit:** etwa 10 Minuten.

3. Den Boden sofort nach dem Backen vom Springformboden lösen, aber erst nach dem Erkalten auf eine Tortenplatte legen.

4. Für den Biskuitteig die Eier mit dem Wasser mit dem Handrührgerät mit Rührbesen auf höchster Stufe in 1 Minute schaumig schlagen. Den Zucker mit Vanillin-Zucker mischen, in 1 Minute einstreuen, dann noch etwa 2 Minuten schlagen.

5. Das Mehl mit Backpulver mischen, die Hälfte davon auf die Eiercreme sieben, kurz auf niedrigster Stufe unterrühren. Den Rest des Mehlgemisches auf die gleiche Weise unterarbeiten. Zuletzt die Butter unterrühren. Den Teig in eine gefettete, mit Backpapier belegte Springform füllen. Die Form auf den Rost in den Backofen schieben und bei gleicher Backofentemperatur (wie oben) etwa 20 Minuten backen.

6. Den Boden aus der Form lösen, auf einen mit Backpapier belegten Kuchenrost stürzen, gut auskühlen lassen und einmal waagerecht durchschneiden.

7. Für die Füllung den Knetteigboden mit der Konfitüre bestreichen und mit dem unteren Biskuitboden bedecken, den mit Pergamentpapier belegten Springformrand darumstellen. Die Mango schälen, das Fruchtfleisch zu beiden Seiten des Steins abschneiden, in dünne Spalten schneiden und beiseite stellen. Das restliche Fruchtfleisch abschneiden, würfeln und auf dem Biskuitboden verteilen.

8. Die Gelatine nach Packungsanleitung einweichen. Den Quark mit Zucker, Vanillin-Zucker, Limettensaft verrühren. Die Sahne (2 Esslöffel zurücklassen) steif schlagen. Die Gelatine auflösen, die zurückgelassene Sahne unterrühren, dann unter die Quarkmasse rühren und die Schlagsahne unterheben.

9. ⅔ der Quarkmasse kuppelförmig auf die Mangowürfel streichen, den oberen Biskuitboden darauf legen, leicht andrücken, 2 Esslöffel Quarkcreme abnehmen und die Torte mit der restlichen Quarkmasse bestreichen.

10. Die Mangospalten auf die Torte legen. Aus dem Tortengusspulver mit dem Saft nach der Packungsanleitung einen Guss zubereiten, evtl. mit Zucker abschmecken. Den Guss auf die Mangospalten streichen, die Torte etwa 2 Stunden kühl stellen, dann den Springformrand lösen, die Torte auf eine Tortenplatte setzen. Die zurückgelassene Quarkcreme durchrühren und den Tortenrand damit bestreichen. Mit Himbeeren und Limettenschalenstreifen garnieren.

APRIKOSEN-QUARK-TORTE

(SPRINGFORM: Ø 20 CM)

1. Die Zutaten für den Knetteig verkneten, auf dem Boden einer gefetteten Spring-form ausrollen, den Rand darumschließen. Den Teig im Backofen vorbacken.

Ober-/Unterhitze: etwa 200 °C (vorgeheizt)
Heißluft: etwa 180 °C (vorgeheizt)
Gas: etwa Stufe 4 (vorgeheizt)
Backzeit: etwa 10 Minuten.

2. Für den Biskuitteig das Ei trennen. Eiweiß und Zucker steif schlagen. Das Eigelb unterrühren. Das Mehl, Speisestärke und Backpulver mischen, darüber sieben und unterheben. Die Biskuitmasse auf den Knetteig streichen und bei gleicher Backtem-peratur weitere 10–12 Minuten backen.

3. Den Boden aus der Form lösen und auskühlen lassen. Für die Quark-Sahne die Gelatine einweichen. Den Sahnequark, Zucker und Zitronensaft verrühren. Die Gelatine ausdrücken, auflösen und unterrühren. Sahne und Eiweiß getrennt steif schlagen, unterheben, auf den Biskuit streichen und etwa 2 Stunden kalt stellen.

4. Die Aprikosen abtropfen lassen, den Saft auffangen, die Aprikosen auf dem Quark verteilen. Den Tortenguss mit 125 ml (⅛ l) Aprikosensaft nach Packungsan-leitung zubereiten und sofort über die Torte füllen. Gut durchkühlen lassen. Den Tortenring lösen. Mit Pistazienkernen verzieren.

TRÜFFELTORTE

(SPRINGFORM: Ø 16 CM)

1. Für den Teig die Eier und das Wasser mit dem Handrührgerät mit Rührbesen auf höchster Stufe in 1 Minute schaumig schlagen. Zucker mit Vanillin-Zucker mischen, in 1 Minute einstreuen, dann noch etwa 2 Minuten schlagen.

2. Mehl, Backpulver und Kakao mischen, auf die Eiercreme sieben, kurz auf niedrigster Stufe unterrühren. Den Teig in eine Springform (Boden gefettet, mit Backpapier belegt) füllen. Die Form auf dem Rost in den Backofen schieben, backen.

Ober-/Unterhitze: etwa 180 °C (vorgeheizt)
Heißluft: –
Gas: etwa Stufe etwa 3 (vorgeheizt)
Backzeit: etwa 20 Minuten.

3. Den Tortenboden auf einen Kuchenrost stürzen, das Backpapier abziehen, den Boden erkalten lassen. Den erkalteten Boden einmal waagerecht durchschneiden.

4. Für die Füllung die Sahne erhitzen, aber nicht kochen lassen. Die Schokolade zerkleinern, in der Sahne auflösen. Die Schokoladensahne etwa 2 Stunden kalt stellen.

5. Die Schokoladensahne steif schlagen, einen Teil davon auf den unteren Tortenboden streichen und den oberen Boden darauf legen. Tortenoberfläche und -rand mit der restlichen Schokoladensahne bestreichen.

6. Die Torte mit Schokoladenraspeln bestreuen, mit den vorbereiteten Beeren belegen.

DIE ZUTATEN:

FÜR DEN BISKUITTEIG:
2 EIER (GRÖSSE M)
2 EL HEISSES WASSER
60 g ZUCKER
1 PCK. VANILLIN-ZUCKER
60 g WEIZENMEHL
½ TL BACKPULVER
1 EL KAKAOPULVER

FÜR DIE FÜLLUNG:
250 ml (¼ l) SCHLAG-SAHNE
200 g ZARTBITTER-SCHOKOLADE

SCHOKOLADENRASPEL
EINIGE FRISCHE, GEMISCHTE BEEREN

FÜR DEN KNETTEIG:
75 g WEIZENMEHL
25 g ZUCKER
½ PCK. BOURBON-
VANILLEZUCKER
40 g BUTTER
1 EIGELB (GRÖSSE M)

FÜR DEN BISKUITTEIG:
3 EIER (GRÖSSE M)
1 EIWEISS (GRÖSSE M)
4 EL HEISSES WASSER
150 g ZUCKER
1 PCK. VANILLIN-ZUCKER
100 g WEIZENMEHL
75 g SPEISESTÄRKE
2 GESTR. TL BACKPULVER
4 EL APRIKOSEN-
KONFITÜRE
1 TL KAKAOPULVER

ZUM TRÄNKEN:
50 ml HEISSES WASSER
1 GESTR. EL ZUCKER
30 ml PFIRSICHLIKÖR

FÜR DIE MASCAR-
PONECREME:
4 BLATT WEISSE GELATINE
250 g MASCARPONE
(ITAL. FRISCHKÄSE)
40 g ZUCKER
½ PCK. BOURBON-
VANILLEZUCKER
125 ml (⅛ l)
PFIRSICHSAFT
2–3 EL ZITRONENSAFT
100 ml SCHLAGSAHNE

PFIRSICH-MASCARPONE-TORTE (SPRINGFORM: Ø 20 CM)

1. Für den Knetteig das Mehl in eine Rührschüssel sieben. Restliche Zutaten hinzugeben und mit dem Handrührgerät mit Knethaken zunächst auf niedrigster, dann auf höchster Stufe gut durcharbeiten.

2. Den Teig auf einer bemehlten Arbeitsfläche zu einem glatten Teig verkneten. Sollte der Teig kleben, ihn in Folie gewickelt 20–30 Minuten kühl stellen.

3. Den Teig auf einem gefetteten Springformboden ausrollen. Den Boden mit einer Gabel mehrmals einstechen und mit Springformrand backen.

Ober-/Unterhitze: etwa 200 °C (vorgeheizt), **Heißluft:** etwa 180 °C (vorgeheizt)
Gas: etwa Stufe 4 (vorgeheizt), **Backzeit:** 10–15 Minuten.

4. Den Boden vom Springformboden lösen, aber darauf erkalten lassen.

5. Für den Biskuitteig Eier, Eiweiß und Wasser mit dem Handrührgerät mit Rührbesen auf höchster Stufe in 1 Minute schaumig schlagen. Zucker und Vanillin-Zucker mischen, in 1 Minute einstreuen, dann noch etwa 2 Minuten schlagen.

6. Mehl mit Speisestärke und Backpulver mischen, die Hälfte davon auf die Eiercreme sieben, kurz auf niedrigster Stufe unterrühren, den Rest des Mehlgemisches auf die gleiche Art unterarbeiten. Die Hälfte des Teiges auf ein Backblech (30 x 20 cm, mit Backpapier belegt und abgeteilt) streichen und sofort backen.

Ober-/Unterhitze: etwa 200 °C (vorgeheizt), **Heißluft:** –
Gas: etwa Stufe 4 (vorgeheizt), **Backzeit:** etwa 8 Minuten.

7. Die Platte auf mit Zucker bestreutes Backpapier stürzen und sofort das Backpapier abziehen.

8. Den Biskuit mit 3 Esslöffeln der Konfitüre bestreichen. Die langen Seiten soweit zur Mitte klappen, dass eine Lücke von 2 cm bleibt, dann diese Seiten aufeinander klappen. Die Rolle gleichmäßig in etwa 1,5 cm breite Stücke schneiden.

9. Die andere Teig-Hälfte mit dem gesiebten Kakao verrühren. Den Teig in eine Springform (Ø 20 cm, Boden gefettet, mit Backpapier belegt) füllen. Sofort backen.

Ober-/Unterhitze: etwa 180 °C (vorgeheizt), **Heißluft:** –
Gas: etwa Stufe 3 (vorgeheizt), **Backzeit:** etwa 25 Minuten.

10. Den Biskuit auf einen mit Backpapier belegten Kuchenrost stürzen, erkalten lassen und einmal waagerecht durchschneiden.

11. Zum Tränken das Wasser mit dem Zucker verrühren, den Pfirsichlikör zugeben. Beide Biskuitböden damit beträufeln.

12. Für die Mascarponecreme die Gelatine nach Packungsanleitung einweichen und auflösen. Mascarpone, Zucker, Vanillezucker, Pfirsich- und Zitronensaft verrühren und die Gelatine unterrühren. Die Sahne steif schlagen, unter die Creme heben.

13. Den Knetteigboden auf eine Platte legen und mit der restlichen Konfitüre bestreichen. Einen Tortenring (etwa 23 cm) darum stellen und die Biskuitscheiben (Öffnung nach unten) innen an den Rand stellen.

14. Den unteren Biskuitboden auf den Knetteigboden legen und die Hälfte der Mascarponecreme einfüllen. Den oberen Biskuitboden auflegen und die restliche Creme darauf glatt streichen. Die Torte 3 Stunden kalt stellen.

15. Für den Belag die Pfirsiche abtropfen lassen, in Spalten schneiden und kuppelartig auf die Torte legen. Den Tortenguss mit Pfirsichsaft nach Packungsanleitung zubereiten, auf die Pfirsiche geben und abkühlen lassen.

FÜR DEN BELAG:
CA. 250 g PFIRSICHE (AUS DER DOSE)
½ PCK. TORTENGUSS, KLAR
125 ml (⅛ l) PFIRSICH-SAFT

DIE ZUTATEN:

FÜR DEN BISKUITTEIG:
2 EIER (GRÖSSE M)
2 EL HEISSES WASSER
80 g ZUCKER
1 PCK. VANILLIN-ZUCKER
50 g WEIZENMEHL
40 g SPEISESTÄRKE
½ GESTR. TL
BACKPULVER
1 EL KAKAOPULVER
50 g GROB GEHACKTE
PECANNUSSKERNE
(ERSATZWEISE
WALNUSSKERNE)

FÜR DIE FÜLLUNG:
2 EL MANDARINEN
(AUS DER DOSE)
40 g VOLLMILCH-
SCHOKOLADE
200 ml SCHLAGSAHNE

WINTERTORTE

(SPRINGFORM: Ø 18 CM)

1. Für den Biskuitteig Eier und Wasser mit dem Handrührgerät mit Rührbesen auf höchster Stufe in 1 Minute schaumig schlagen. Zucker mit Vanillin-Zucker mischen, in 1 Minute einstreuen, dann noch etwa 2 Minuten schlagen.

2. Mehl, Speisestärke, Backpulver und Kakao mischen, die Hälfte davon auf die Eiercreme sieben und kurz auf niedrigster Stufe unterrühren. Den Rest des Mehlgemisches auf dieselbe Weise unterarbeiten. Die Pecannusskerne unterrühren.

3. Den Teig in die Springform (Boden gefettet, mit Backpapier belegt) füllen und die Form sofort auf dem Rost in den Backofen schieben.

Ober-/Unterhitze: etwa 200 °C (vorgeheizt), **Heißluft:** –
Gas: etwa Stufe 4 (vorgeheizt), **Backzeit:** etwa 25 Minuten.

4. Den Kuchen aus der Form lösen, stürzen, das Backpapier abziehen, den Kuchen wieder umdrehen und auf einem Kuchenrost erkalten lassen.

5. Den Kuchen auf der Oberfläche 1½ cm vom Rand einschneiden und mit einem Löffel aushöhlen, es muss ein 1½ cm dicker Rand und ein 1 cm dicker Boden stehen bleiben. Die Gebäckkrümel grob zerkleinern.

6. Die Mandarinen abtropfen lassen, die Schokolade grob hacken. Die Sahne steif schlagen und Schokolade und die Hälfte der Gebäckkrümel unterheben. Die Mandarinen unterheben (nach Belieben einige schöne Spalten zum Garnieren zurücklassen). Die Masse kuppelartig in den Boden füllen und mit den restlichen Gebäckkrümeln bestreuen. Die Torte mit Puderzucker bestäuben und kalt stellen.

PFLAUMENTORTE

(SPRINGFORM: Ø 20 CM)

1. Für den Rührteig Butter oder Margarine mit dem Handrührgerät mit Rührbesen auf höchster Stufe geschmeidig rühren. Zucker unterrühren, so lange rühren, bis eine gebundene Masse entstanden ist. Das Ei etwa ½ Minute unterrühren.

2. Mehl mit Backpulver und Zimt mischen, sieben und abwechselnd portionsweise mit Milch auf mittlerer Stufe unterrühren. Den Teig in eine gefettete Springform füllen. Die Form auf dem Rost in den Backofen schieben.

Ober-/Unterhitze: etwa 180 °C (vorgeheizt), **Heißluft:** etwa 160 °C (vorgeheizt), **Gas:** etwa Stufe 3 (vorgeheizt), **Backzeit:** etwa 25 Minuten.

3. Den Boden auf einen Kuchenrost stürzen und erkalten lassen. Ihn anschließend mit dem Kaffee (100 ml) beträufeln.

4. Für die Creme Gelatine in kaltem Wasser einweichen. Mascarpone, Quark und Puderzucker mit Butter-Vanille-Aroma, Zitronensaft und Kaffee glatt rühren. Die Gelatine ausdrücken, auflösen und unter die Creme rühren.

5. Einen Springformrand oder Tortenring um den Boden legen, die Creme darauf geben, glatt streichen und kalt stellen, bis sie fest ist.

6. Für den Belag Pflaumen waschen, trockenreiben, halbieren, entsteinen und das Fruchtfleisch in Spalten schneiden. Aus Tortenguss, Zucker und Saft nach Packungsanleitung einen Guss zubereiten. Die Hälfte davon auf die Creme gießen, die Pflaumenspalten darauf verteilen und den restlichen Guss darüber gießen.

7. Die Torte vor dem Servieren mit Hagelzucker bestreuen, mit Minze garnieren.

DIE ZUTATEN:

FÜR DEN RÜHRTEIG:
50 g WEICHE BUTTER ODER MARGARINE
75 g ZUCKER
1 EI (GRÖSSE M)
125 g WEIZENMEHL
1 TL BACKPULVER
½ TL GEMAHLENER ZIMT
4 EL MILCH
100 ml KALTER KAFFEE

FÜR DIE CREME:
2 BLATT WEISSE GELATINE
250 g MASCARPONE (ITALIENISCHER FRISCH-KÄSE)
125 g MAGERQUARK
50 g GESIEBTER PUDER-ZUCKER
3 TROPFEN BUTTER-VANILLE-AROMA
3 EL ZITRONENSAFT
50 ml KAFFEE

FÜR DEN BELAG:
750 g GROSSE, RUNDE PFLAUMEN
1 PCK. TORTENGUSS, KLAR
2 EL ZUCKER
250 ml (¼ l) ROTER JOHANNISBEERSAFT
HAGELZUCKER
MINZEBLÄTTCHEN

FÜR DEN KNETTEIG:

75 g WEIZENMEHL

20 g ZUCKER

½ PCK. VANILLIN-ZUCKER

50 g WEICHE BUTTER

FÜR DEN BISKUITTEIG:

2 EIER

2 EL VANILLIN-ZUCKER

60 g WEIZENMEHL

½ TL BACKPULVER

FÜR DIE VANILLECREME:

3 EIER

100 g ZUCKER

1 PCK. VANILLIN-ZUCKER

150 g BUTTER

100 g JOHANNISBEER-GELEE

15 g GEHACKTE PISTAZIENKERNE

Tipp:
Den Tortenrand mit abgezogenen, gehobelten Mandeln bestreuen.

WIENER PRATER-TORTE

(SPRINGFORMRAND: Ø 18 CM, BACKBLECH: 35 X 18,5 CM)

1. Für den Knetteig das Mehl in eine Rührschüssel sieben. Zucker, Vanillin-Zucker und Butter hinzufügen. Die Zutaten mit dem Handrührgerät mit Knethaken zunächst kurz auf niedrigster, dann auf höchster Stufe gut durcharbeiten.

2. Anschließend auf der Arbeitsfläche zu einem glatten Teig verkneten. Den Teig auf einem gefetteten Springformboden ausrollen, mehrmals mit einer Gabel einstechen und mit dem Springformrand auf dem Rost in den Backofen schieben.

Ober-/Unterhitze: etwa 200 °C (vorgeheizt), **Heißluft:** etwa 180 °C (vorgeheizt)
Gas: Stufe 4 (vorgeheizt), **Backzeit:** etwa 10 Minuten.

3. Den Boden sofort nach dem Backen vom Springformboden lösen, aber erst nach dem Erkalten auf eine Tortenplatte legen.

4. Für den Biskuitteig die Eier mit dem Handrührgerät mit Rührbesen auf höchster Stufe in 1 Minute schaumig schlagen. Vanillin-Zucker in 1 Minute einstreuen, dann noch etwa 2 Minuten schlagen.

5. Mehl und Backpulver mischen auf die Eiercreme sieben und kurz auf niedrigster Stufe unterrühren. Den Teig auf das mit Backpapier belegte Backblech streichen, an der offenen Seite des Blechs das Papier unmittelbar vor dem Teig zur Falte knicken, so dass ein Rand entsteht. Das Backblech in den Backofen schieben und sofort backen.

Ober-/Unterhitze: etwa 180 °C (vorgeheizt), **Heißluft:** –
Gas: etwa Stufe 3 (vorgeheizt), **Backzeit:** etwa 12 Minuten.

6. Nach dem Backen den Biskuit auf die mit Backpapier belegte und mit Zucker bestreute Arbeitsfläche stürzen und völlig erkalten lassen. Erst dann das mitgebackene Backpapier abziehen und den Biskuit in etwa 4 cm breite Streifen schneiden.

7. Für die Vanillecreme die Eier etwa 2 Minuten schlagen. Zucker und Vanillin-Zucker unter Rühren einrieseln lassen. Die Masse im heißen Wasserbad schlagen, bis sie cremig ist. Aus dem Wasserbad herausnehmen und weiterschlagen, bis die Creme abgekühlt ist. Die Butter schlagen, bis sie sahnig ist, dann die Eiercreme unter die Butter rühren.

8. Den Springformrand oder einen Tortenring um den gebackenen Knetteig stellen. Einen Biskuitstreifen als Rand in die Springform legen, die übrigen Biskuitstreifen erst mit Johannisbeergelee, dann mit etwas Vanillecreme bestreichen. Die Streifen schichtweise kreisförmig an den Rand setzen, bis die Springform gefüllt ist. Die Torte etwa 60 Minuten kalt stellen.

9. Den Springformrand (Tortenring) entfernen. Den Tortenrand mit einem Teil der Vanillecreme bestreichen, die restliche Creme in einen Spritzbeutel füllen und damit eine Spirale auf die Tortenoberfläche spritzen. Die Zwischenräume mit Johannisbeergelee füllen und die Torte mit Pistazien bestreuen.

FÜR DEN KNETTEIG:

75 g WEIZENMEHL
25 g ZUCKER
1 EIGELB (GRÖSSE M)
40 g WEICHE BUTTER

FÜR DEN BISKUITTEIG:

1 EI (GRÖSSE M)
1 EIWEISS (GRÖSSE M)
1 EL ZUCKER
1 GEH. EL WEIZENMEHL
1 MSP. BACKPULVER
3 EL JOHANNISBEER-
KONFITÜRE

FÜR DIE CREME:

6 BLATT WEISSE GELATINE
1 BECHER (150 g) VOLL-
MILCH-JOGHURT
1 BECHER (150 g)
CRÈME FRAÎCHE
70 g ZUCKER
ABGERIEBENE SCHALE
VON 1 ZITRONE
(UNBEHANDELT)
100 ml ZITRONENSAFT
250 ml (¼ l) SCHLAG-
SAHNE
300 g ROTE JOHANNIS-
BEEREN
ZUCKER
75 ml SCHLAGSAHNE
2 EL GEHACKTE
PISTAZIENKERNE
NACH BELIEBEN
ZITRONENMELISSE ZUM
VERZIEREN

JOHANNISBEER-ZITRONEN-JOGHURT-TORTE *(SPRINGFORM: Ø 20 CM)*

1. Das Mehl in eine Rührschüssel sieben, Zucker, Eigelb und Butter zugeben, mit dem Handrührgerät mit Knethaken verkneten, dann auf der Arbeitsfläche zu einem glatten Teig verkneten.

2. Den Teig auf dem gefetteten Boden einer Springform ausrollen, mit Springform-rand backen.

Ober-/Unterhitze: etwa 200 °C (vorgeheizt), **Heißluft:** –
Gas: etwa Stufe 4 (vorgeheizt), **Backzeit:** 10–15 Minuten.

3. Die Form aus den Backofen nehmen, etwas auskühlen lassen. In der Zwischen-zeit Ei trennen, beide Eiweiße steif schlagen, Zucker (1 EL) einrieseln lassen. Eigelb unterrühren. Das Mehl (1 geh. EL) und Backpulver mischen, auf die Eimasse sieben und unterheben. Den Knetteig mit der Konfitüre bestreichen, Biskuit darauf ver-teilen, glatt streichen und bei gleicher Backtempertur etwa 15 Minuten backen.

4. Den Kuchen aus dem Ofen nehmen und auskühlen lassen. Gelatine einweichen. Joghurt, Crème fraîche, Zucker, Zitronenschale und -saft verrühren. Gelatine aus-drücken, auflösen und unter die Joghurtmasse rühren. Etwa 3 Minuten kühl stellen.

5. Die Sahne (250 ml) steif schlagen, unter die Joghurtmasse heben, in die Spring-form geben, glatt streichen und ca. 1 ½ Stunden kühl stellen. Einige Johannisbeer-rispen zur Seite legen, restliche Johannisbeeren von den Rispen zupfen, waschen und gut abtropfen lassen. Torte aus der Form lösen. Restliche Sahne steif schlagen und den Tortenrand damit einstreichen. Untere Hälfte des Tortenrandes mit Pista-zienkernen bestreuen. Johannisbeeren auf die Torte geben und nach Belieben mit Zitronenmelisseblättchen verzieren. Die restlichen Johannisbeerrispen in Zucker wenden und die Torte damit verzieren. Auf eine Tortenplatte setzen, kühl servieren.

Pflaumen-Käse-Torte

(Springform: Ø 20 cm)

1. Für den Teig das Mehl in eine Rührschüssel sieben. Zucker, Salz, Orangenfrucht, Butter und Eigelb hinzufügen. Die Zutaten mit dem Handrührgerät mit Knethaken zunächst kurz auf niedrigster, dann auf höchster Stufe gut durcharbeiten.

2. Anschließend auf der bemehlten Arbeitsfläche zu einem glatten Teig verkneten, sollte er kleben, ihn eine Zeit lang kalt stellen. ⅔ des Teiges auf dem gefetteten Boden der Springform ausrollen. Den Rest des Teiges zu einer Rolle formen, sie als Rand auf den Teigboden legen und so an die Form drücken, dass ein etwa 4 cm hoher Rand entsteht.

3. Für den Belag die Butter schaumig rühren. Quark, Zucker, Vanillin-Zucker, Pudding-Pulver, Ei, Zitronenschale und -saft hinzufügen und unterrühren.

4. Die Pflaumen waschen, trockenreiben, halbieren und entsteinen. Die Hälfte der Quarkmasse auf den Boden geben und die Hälfte der Pflaumen mit der Schnittfläche nach oben darauf verteilen. Die restliche Quarkmasse darauf verteilen und mit den restlichen Pflaumen (mit der Schnittfläche nach unten) belegen. Die Springform auf dem Rost in den Backofen schieben.

Ober-/Unterhitze: etwa 180 °C (vorgeheizt)
Heißluft: etwa 160 °C (nicht vorgeheizt)
Gas: etwa Stufe 3 (vorgeheizt)
Backzeit: etwa 60 Minuten.

5. Die Konfitüre erwärmen, durch ein Sieb streichen und die Pflaumen damit bestreichen. Den Kuchen in der Form erkalten lassen. Dann den Rand mit einem Messer lösen und den Kuchen aus der Form lösen.

DIE ZUTATEN:

FÜR DEN KNETTEIG:
185 g WEIZENMEHL
50 g ZUCKER
1 PRISE SALZ
½ PCK. ORANGENFRUCHT
120 g WEICHE BUTTER
1 EIGELB (GRÖSSE M)

FÜR DEN BELAG:
75 g WEICHE BUTTER
375 g MAGERQUARK
90 g ZUCKER
1 PCK. VANILLIN-ZUCKER
½ PCK. PUDDING-PULVER
VANILLE-GESCHMACK
1 EI (GRÖSSE M)
ABGERIEBENE SCHALE
VON ½ ZITRONE
(UNBEHANDELT)
1 EL ZITRONENSAFT
600 g PFLAUMEN

50 g PFLAUMEN-
KONFITÜRE

NUSS-SAHNE-TORTE

(SPRINGFORM: Ø 20 CM–FOTO)

DIE ZUTATEN:

FÜR DEN BISKUITTEIG:

150 g HASELNUSSKERNE
3 EIER (GRÖSSE M)
125 g ZUCKER
1 GESTR. TL BACKPULVER
1 PRISE SALZ

FÜR DEN KARAMELL:

100 g ZUCKER

FÜR DIE FÜLLUNG:

500 ml (½ l) SCHLAG-
SAHNE
2 PCK. SAHNESTEIF
2 TL ZUCKER
1 PCK. VANILLIN-ZUCKER
MARK VON 1 VANILLE-
SCHOTE

ETWA 100 g GEHACKTE
HASELNUSSKERNE
½ TL KAKAOPULVER

1. Für den Teig die Haselnüsse fein mahlen, dabei 8 Stück zum Garnieren zurücklassen. 2 Eier trennen. 1 Ei, 2 Eigelb und Zucker mit dem Handrührgerät mit Rührbesen dick schaumig rühren. Die gemahlenen Haselnüsse mit dem gesiebten Backpulver mischen und auf die Eigelbmasse geben.

2. Das restliche Eiweiß mit Salz steif schlagen, darauf geben und mit einem Schneebesen locker unterheben. Den Teig in eine Springform (Boden gefettet, mit Backpapier belegt) füllen und glatt streichen. Die Form auf dem Rost in den Backofen schieben und sofort backen.

Ober-/Unterhitze: etwa 180 °C (vorgeheizt)
Heißluft: –
Gas: etwa Stufe 3 (vorgeheizt)
Backzeit: 35–40 Minuten.

3. Den Tortenboden in der Form etwas auskühlen lassen, dann mit einem spitzen Messer vorsichtig vom Springformrand lösen, auf einen Kuchenrost stürzen, das Backpapier abziehen und den Boden erkalten lassen. Den erkalteten Boden einmal waagerecht durchschneiden.

4. Für den Karamell den Zucker in einem kleinen Topf karamellisieren lassen. Die zurückgelassenen Haselnusskerne darin wenden und auf Backpapier erkalten lassen.

5. Für die Füllung die Hälfte der Sahne mit Sahnesteif, Zucker, Vanillin-Zucker und Vanillemark steif schlagen, auf den unteren Boden streichen und mit dem oberen Boden bedecken. Die restliche Sahne steif schlagen, ⅓ davon in einen Spritzbeutel mit Sterntülle füllen. Tortenrand und -oberfläche mit der restlichen Sahne gleichmäßig bestreichen.

6. Den Tortenrand mit den gehackten Haselnusskernen bestreuen. 8 Sahnetupfen auf die Torte spritzen und mit den karamellisierten Haselnusskernen garnieren. Die fertige Torte dünn mit Kakao bestäuben.

MARILLENTORTE

(SPRINGFORM: Ø 20–22 CM)

1. Für den Teig die Eier und das Wasser mit dem Handrührgerät mit Rührbesen auf höchster Stufe in 1 Minute schaumig schlagen. Den Zucker mit dem Vanillin-Zucker mischen, in 1 Minute einstreuen, dann noch etwa 2 Minuten schlagen, mit dem Zitronen-Aroma verrühren.

2. Das Mehl mit der Speisestärke und dem Backpulver mischen, die Hälfte davon auf die Eiercreme sieben, kurz auf niedrigster Stufe unterrühren. Den Rest des Mehlgemisches auf die gleiche Weise unterarbeiten, den Teig in die Springform (Ø 20 cm, Boden gefettet, mit Backpapier belegt) füllen, sofort backen.

Ober-/Unterhitze: 180–200 °C (vorgeheizt)
Heißluft: –
Gas: Stufe 3–4 (vorgeheizt)
Backzeit: etwa 25 Minuten.

3. Den Boden aus der Form lösen, auf einen mit Backpapier belegten Kuchenrost stürzen, gut auskühlen lassen, einmal waagerecht durchschneiden. Den unteren Boden auf eine Tortenplatte legen, mit der Marillen-Aprikosen-Konfitüre bestreichen. Den gesäuberten, mit Backpapier belegten Springformrand darumlegen.

4. Für die Marillen-Creme die Gelatine mit dem Wasser anrühren, quellen lassen, im heißen Wasserbad auflösen. Die Marillen gut abtropfen lassen, 100 g der Marillen pürieren, mit dem Zucker, dem Vanillin-Zucker, dem Likör oder Brandy und der aufgelösten Gelatine verrühren.

5. Die steif geschlagene Sahne unterziehen. ⅓ der Sahnecreme abnehmen. Die restlichen Marillen (eine Marillenhälfte zurücklassen) in Spalten schneiden, unter die restliche Sahnecreme heben, auf den Boden im Springformrand streichen, mit dem oberen Boden bedecken. Die zurückgelassene Creme darauf geben, glatt streichen.

6. Die Torte 3 Stunden kalt stellen, den Springformrand und das Papier mit Hilfe eines Messers lösen.

7. Für den Rand die Sahne mit dem Sahnesteif und dem Zucker steif schlagen. Den Tortenrand damit bestreichen, mit Hilfe eines Tortenkammes verzieren. Die Torte mit der durch ein Sieb gestrichenen Konfitüre verzieren, mit den Marillenspalten, einer Johannisbeertraube und etwas Zitronenmelisse garnieren.

Tipp:
Die Marillen-Konfitüre in einen Folienbeutel füllen, an einer Ecke eine kleine Spitze abschneiden, die Tortenoberfläche bespritzen.

MINI-KUCHEN

*KLEINER KÄSE-
KUCHEN,
REZEPT SEITE 32*

75 g WEIZENMEHL

30 g ZUCKER

½ PCK. VANILLIN-ZUCKER

50 g WEICHE BUTTER

FÜR DEN BELAG:
2 EIGELB (GRÖSSE M)

1 EL ZUCKER

1 ½ PCK. VANILLIN-ZUCKER

250 g SAHNEQUARK

50 g ROSINEN

2 EIWEISS (GRÖSSE M)

2 KUMQUATS

3 EL APRIKOSEN-KONFITÜRE

GEHACKTE PISTAZIENKERNE

DIE ZUTATEN:

FÜR DEN RÜHRTEIG:
40 g WEICHE BUTTER

40 g ZUCKER

1 PCK. VANILLIN-ZUCKER

2 EIGELB (GRÖSSE M)

40 g SPEISESTÄRKE

½ TL BACKPULVER

40 g ABGEZOGENE, GEMAHLENE MANDELN

40 g GERIEBENE SCHOKOLADE

2 EIWEISS (GRÖSSE M)

FÜR DEN GUSS:
50 g HALBBITTER-KUVERTÜRE

20 g ABGEZOGENE, GESTIFTELTE MANDELN

KLEINER KÄSEKUCHEN

(SPRINGFORM: Ø 16–18 CM, FOTO SEITE 30/31)

1. Für den Teig das Mehl in eine Rührschüssel sieben. Den Zucker, Vanillin-Zucker und Butter hinzufügen. Die Zutaten mit dem Handrührgerät mit Knethaken gut durcharbeiten. Anschließend auf der Arbeitsfläche zu einem glatten Teig verkneten. Sollte er kleben, ihn etwas kalt stellen.

2. Den Teig auf dem gefetteten Boden der Springform ausrollen und mehrmals mit einer Gabel einstechen.

3. Für den Belag das Eigelb, Zucker und Vanillin-Zucker verschlagen. Den Quark und die Rosinen unterrühren. Das Eiweiß steif schlagen und unter die Quarkmasse ziehen. Die Masse auf den Tortenboden geben. Die Form auf dem Rost in den Backofen stellen.

Ober-/Unterhitze: etwa 180 °C (vorgeheizt), **Heißluft:** etwa 160 °C (nicht vorgeheizt) **Gas:** etwa Stufe 3 (vorgeheizt), **Backzeit:** 60–65 Minuten.

4. Den Kuchen sofort nach dem Backen mit Hilfe eines Messers vom Springformrand lösen, aber in der Form erkalten lassen.

5. Die Kumquats (Zwergorangen) abspülen, abtrocknen und in Scheiben schneiden. Die Konfitüre glatt rühren, die Kuchenoberfläche damit bestreichen, mit den Pistazien garnieren und mit den Kumquatscheiben belegen.

SCHOKOLADENKRANZ

(SPRINGFORM MIR ROHRBODEN: Ø 18 CM – FOTO)

1. Für den Teig die Butter mit dem Handrührgerät mit Rührbesen auf höchster Stufe geschmeidig rühren. Nach und nach Zucker und Vanillin-Zucker unterrühren, so lange rühren, bis eine gebundene Masse entstanden ist. Das Eigelb nach und nach unterrühren (jedes Eigelb etwa ½ Minute).

2. Die Speisestärke mit Backpulver mischen, sieben und auf mittlerer Stufe unterrühren. Die Mandeln und Schokolade unterrühren. Das Eiweiß steif schlagen und unterheben. Den Teig in die gefettete Springform füllen und auf dem Rost in den Backofen schieben.

Ober-/Unterhitze: etwa 180 °C (vorgeheizt), **Heißluft:** etwa 160 °C (nicht vorgeheizt) **Gas:** etwa Stufe 3 (vorgeheizt), **Backzeit:** etwa 40 Minuten.

3. Den Kranz auf einen Kuchenrost stürzen und erkalten lassen.

4. Für den Guss die Kuvertüre in einem kleinen Topf im heißen Wasserbad zu einer geschmeidigen Masse verrühren. Den Kuchen damit überziehen und mit den Mandeln spicken.

FÜR DEN TEIG:

3 EIGELB (GRÖSSE M)

120 g ZUCKER

½ PCK. VANILLIN-ZUCKER

¼ FLÄSCHCHEN BUTTER-VANILLE-AROMA

75 ml LAUWARMES WASSER

150 ml SPEISEÖL

225 g WEIZENMEHL

4 GESTR. TL BACKPULVER

3 EIWEISS (GRÖSSE M)

1 EL KAKAOPULVER

FÜR DEN GUSS:

125 g GESIEBTER PUDER-ZUCKER

2–2½ EL ORANGENSAFT

MINI-ZEBRAKUCHEN

(SPRINGFORM: Ø 20 CM)

1. Für den Teig Eigelb, Zucker und Vanillin-Zucker mit dem Handrührgerät mit Rührbesen schaumig rühren. Butter-Vanille-Aroma, Wasser und Öl unterrühren.

2. Mehl und Backpulver mischen, sieben und portionsweise unterrühren. Das Eiweiß steif schlagen, unterziehen. Unter die Hälfte des Teiges den Kakao rühren.

3. Für den Zebrakuchen mit jeweils der Hälfte der hellen und dunklen Teigmenge zunächst 2 Esslöffel des hellen Teiges in die Mitte der Springform (Boden gefettet, mit Semmelbröseln bestreut) geben (nicht verteilen!). Auf den hellen Teig 2 Esslöffel von dem dunklen Teig geben (nicht daneben).

4. Den Vorgang wiederholen, bis der Teig aufgebraucht ist. Den Teig nicht glatt streichen. Die Springform auf dem Rost in den Backofen schieben.

Ober-/Unterhitze: etwa 180 °C (vorgeheizt), **Heißluft:** etwa 160 °C (nicht vorgeheizt)
Gas: etwa Stufe 3 (vorgeheizt), **Backzeit:** etwa 40 Minuten.

5. Den Zebrakuchen aus der Springform lösen, auf einem Kuchenrost erkalten lassen.

6. Den Puderzucker mit dem Orangensaft verrühren und den erkalteten Kuchen damit überziehen.

DIE ZUTATEN:

FÜR DEN RÜHRTEIG:
100 g MARZIPAN-
ROHMASSE
125 g WEICHE BUTTER
60 g ZUCKER
1 PCK. VANILLIN-ZUCKER
3 EIER (GRÖSSE M)
1 EL WEINBRAND ODER
RUM
125 g WEIZENMEHL
1 GESTR. TL BACKPULVER
50 g GEHACKTE
ZARTBITTER-KUVERTÜRE
30 g ABGEZOGENE,
GEHOBELTE MANDELN

FÜR DEN GUSS:
50 g GESIEBTER PUDER-
ZUCKER
ETWA 1 EL ZITRONENSAFT
NACH BELIEBEN ROTE
SPEISEFARBE
ZITRONENSCHALEN-
STREIFEN VON 1 ZITRONE
(UNBEHANDELT)

KLEINER NAPFKUCHEN

(NAPFKUCHENFORM: Ø 16–18 CM)

1. Für den Teig die Marzipan-Rohmasse und Butter mit dem Handrührgerät mit Rührbesen auf höchster Stufe in etwa ½ Minute geschmeidig rühren. Nach und nach den Zucker und Vanillin-Zucker unterrühren. So lange rühren, bis eine gebundene Masse entstanden ist.

2. Dann nach und nach die Eier unterrühren (jedes Ei etwa ½ Minute). Den Weinbrand oder Rum hinzufügen. Das Weizenmehl mit dem Backpulver mischen, sieben und portionsweise auf mittlerer Stufe unterrühren. Die Kuvertüre und Mandeln vorsichtig auf mittlerer Stufe unter den Teig rühren.

3. Den Teig in eine gefettete, gemehlte Napfkuchenform füllen und auf dem Rost in den Backofen schieben.

Ober-/Unterhitze: etwa 180 °C (vorgeheizt)
Heißluft: etwa 160 °C (nicht vorgeheizt)
Gas: etwa Stufe 3 (vorgeheizt)
Backzeit: etwa 55 Minuten.

4. Für den Guss den Puderzucker mit Zitronensaft und evtl. roter Speisefarbe verrühren. Den Kuchen sofort nach dem Stürzen damit bepinseln und mit den Zitronenschalenstreifen garnieren.

FÜR DEN KNETTEIG:
120 g WEIZENMEHL
35 g ZUCKER
1 EL MILCH
75 g BUTTER

FÜR DIE FÜLLUNG:
250 g KIRSCHEN
1 ORANGE (UNBEHANDELT)
2 EIER (GRÖSSE M)
75 g WEICHE BUTTER
70 g ZUCKER
250 g MASCARPONE
100 g MAGERQUARK
1 PCK. PUDDING-PULVER
VANILLE-GESCHMACK
½ EL WEIZENMEHL

KÄSEKUCHEN TUTTI-FRUTTI

(SPRINGFORM: Ø 18 CM – FOTO)

1. Für den Teig das Mehl in eine Rührschüssel sieben. Zucker, Milch und Butter hinzufügen. Die Zutaten mit dem Handrührgerät mit Knethaken gut durcharbeiten.

2. Anschließend auf der bemehlten Arbeitsfläche zu einem glatten Teig verkneten und eine Zeit lang kalt stellen. ⅔ des Teiges dann auf dem gefetteten Springformboden ausrollen. Den restlichen Teig zu einer Rolle formen und als Rand an den Springformrand drücken.

3. Für die Füllung die Kirschen waschen, entsteinen und gut abtropfen lassen. Die Orange waschen, die Schale etwa zur Hälfte abreiben, die Orange danach schälen und filetieren (den Saft dabei auffangen).

4. Die Eier trennen. Eigelb mit Butter und Zucker schaumig rühren. Mascarpone, Quark und Pudding-Pulver unterrühren. Orangensaft, -schale und -filets zugeben und vorsichtig unterrühren.

5. Das Eiweiß sehr steif schlagen und unterheben. Die Kirschen in Mehl wenden und locker unter die Quarkmasse heben. Die Masse auf den Teig in die Springform geben. Die Form auf dem Rost in den Backofen schieben.

Ober-/Unterhitze: etwa 180 °C (vorgeheizt), **Heißluft:** etwa 160 °C (nicht vorgeheizt)
Gas: etwa Stufe 3 (vorgeheizt), **Backzeit:** etwa 65 Minuten.

FÜR DEN BISKUITTEIG:
3 EIER
3 EL HEISSES WASSER
100 g ZUCKER
1 PCK. VANILLIN-ZUCKER
60 g WEIZENMEHL
30 g SPEISESTÄRKE
1 MSP. BACKPULVER

250 g KONFITÜRE
20 g GESIEBTER PUDER-ZUCKER

BISKUITROLLE *(BACKBLECH: 35 X 18,5 CM)*

1. Für den Biskuitteig Eier und Wasser mit dem Handrührgerät mit Rührbesen auf höchster Stufe in 1 Minute schaumig schlagen. Zucker mit Vanillin-Zucker mischen, in 1 Minute einstreuen, dann noch etwa 2 Minuten schlagen.

2. Das Mehl, Speisestärke und Backpulver mischen, auf die Eiercreme sieben und kurz auf niedrigster Stufe unterrühren.

3. Den Teig etwa 1 cm dick auf ein gefettetes, mit Backpapier belegtes Backblech streichen, an der offenen Seite des Blechs das Papier unmittelbar vor dem Teig zur Falte knicken, so dass ein Rand entsteht. Den Biskuitteig sofort backen.

Ober-/Unterhitze: 200–220 °C (vorgeheizt), **Heißluft:** –
Gas: Stufe 4–5 (vorgeheizt), **Backzeit:** 10–15 Minuten.

4. Die Biskuitplatte sofort nach dem Backen auf ein mit Zucker bestreutes Geschirrtuch stürzen, das Backpapier mit kaltem Wasser bestreichen und vorsichtig, aber schnell abziehen. Den Biskuit sofort gleichmäßig mit Konfitüre bestreichen und von der kürzeren Seite her aufrollen.

5. Die Biskuitrolle vor dem Servieren mit Puderzucker bestäuben.

DIE ZUTATEN:

FÜR DEN RÜHRTEIG:
100 g WEICHE MARZIPAN-ROHMASSE
90 g BUTTER ODER MARGARINE
70 g ZUCKER
1 PCK. VANILLIN-ZUCKER
1 PRISE SALZ
2 EIER (GRÖSSE M)
150 g WEIZENMEHL
1 GESTR. TL BACKPULVER
3 ANANASSCHEIBEN (ETWA 100 g, AUS DER DOSE)

FÜR DEN GUSS:
100 g ZARTBITTER-SCHOKOLADE
25 g KOKOSFETT

5–6 ANANASSCHEIBEN
2 EL KOKOSRASPEL

ANANAS-MARZIPAN-KÜCHLEIN

(FÜR 5–6 KASTENFÖRMCHEN: 9 × 6 CM)

1. Für den Teig die Marzipan-Rohmasse mit dem Handrührgerät mit Rührbesen gut verrühren. Butter oder Margarine hinzufügen und alles auf höchster Stufe zu einer geschmeidigen Masse verrühren.

2. Nach und nach Zucker, Vanillin-Zucker und Salz unterrühren. So lange rühren, bis eine gebundene Masse entstanden ist.

3. Die Eier nach und nach unterrühren (jedes Ei etwa ½ Minute). Mehl mit Backpulver mischen, sieben, portionsweise auf mittlerer Stufe unterrühren.

4. Die Ananasscheiben auf einem Sieb abtropfen lassen, in kleine Stücke schneiden, vorsichtig auf mittlerer Stufe unter den Teig rühren. Den Teig in gefettete, mit Backpapier ausgelegte Kastenförmchen füllen, auf dem Rost in den Backofen schieben.

Ober-/Unterhitze: etwa 180 °C (vorgeheizt), **Heißluft:** etwa 160 °C (nicht vorgeheizt) **Gas:** etwa Stufe 3 (vorgeheizt), **Backzeit:** etwa 35 Minuten.

5. Die Küchlein aus den Formen nehmen und auf dem Kuchenrost erkalten lassen.

6. Für den Guss die Schokolade in kleine Stücke brechen, mit Kokosfett in einem kleinen Topf bei schwacher Hitze im Wasserbad zu einer geschmeidigen Masse verrühren. Die untere Hälfte der erkalteten Küchlein in die Schokolade tauchen.

7. Restliche Zartbitterschokolade in einen Spritzbeutel mit kleiner Lochtülle füllen und sie kreuz und quer über die Küchlein spritzen. Jedes Küchlein mit 2 halben Ananasringen belegen und mit Kokosraspeln bestreuen.

ORANGENKUCHEN

(KASTENFORM: LÄNGE 20 CM)

1. Für den Teig die Marzipan-Rohmasse mit dem Handrührgerät mit Rührbesen gut verrühren. Die Butter hinzufügen und alles auf höchster Stufe zu einer geschmeidigen Masse verrühren.

2. Nach und nach Zucker, Vanillin-Zucker und Orangenfrucht unterrühren, so lange rühren, bis eine gebundene Masse entstanden ist. Die Eier nach und nach unterrühren (jedes Ei etwa ½ Minute).

3. Das Mehl mit dem Backpulver mischen, sieben und abwechselnd portionsweise mit Milch auf mittlerer Stufe unterrühren (nur soviel Milch verwenden, dass der Teig schwer-reißend von einem Löffel fällt). Die Schokolade unter den Teig rühren.

4. Die Orangen waschen, abtrocknen und in dünne Scheiben schneiden. Die Scheiben auf den Boden und an den Seitenwänden der gefetteten, mit Mehl ausgestreuten Kastenform verteilen. Den Teig darauf füllen und die Form auf dem Rost in den Backofen schieben.

Ober-/Unterhitze: etwa 180 °C (vorgeheizt), **Heißluft:** etwa 160 °C (nicht vorgeheizt) **Gas:** etwa Stufe 3 (vorgeheizt), **Backzeit:** etwa 60 Minuten.

5. Die Orangenmarmelade mit dem Wasser unter Rühren aufkochen. Den Orangenkuchen auf einen Kuchenrost stürzen und noch heiß mit der Marmelade bestreichen. Den Kuchen erkalten lassen.

DIE ZUTATEN:

FÜR DEN RÜHRTEIG:
100 g MARZIPAN-ROHMASSE
125 g WEICHE BUTTER
100 g ZUCKER
1 PCK. VANILLIN-ZUCKER
½ PCK. ORANGEFRUCHT
2 EIER (GRÖSSE M)
225 g WEIZENMEHL
½ PCK. BACKPULVER
50 ml MILCH
50 g GEHACKTE ZARTBITTERSCHOKOLADE

2 KLEINE SAFTORANGEN (UNBEHANDELT)
100 g ORANGEN-MARMELADE
2 EL WASSER

100 g GEHACKTE PISTAZIENKERNE
70 g BRAUNER ZUCKER
½ TL ZIMT
170 g WEICHE BUTTER ODER MARGARINE
135 g ZUCKER
½ PCK. VANILLIN-ZUCKER
1 PCK. ORANGENFRUCHT
2 EIER
225 g WEIZENMEHL
½ PCK. BACKPULVER
150 g SAURE SAHNE

125 ml (⅛ l) SCHLAG-SAHNE
½ PCK. VANILLIN-ZUCKER
2–3 SCHEIBEN VON 1 ORANGE (UNBEHANDELT)

PISTAZIEN-KROKANT-KRANZ

(SPRINGFORM MIT ROHRBODEN: Ø 22 CM – FOTO)

1. Von den gehackten Pistazienkernen einen gehäuften Teelöffel beiseite stellen. Pistazien, braunen Zucker und Zimt mischen. Die Butter oder Margarine, Zucker, Vanillin-Zucker und Orangenfrucht mit dem Handrührgerät mit Rührbesen auf höchster Stufe geschmeidig rühren, die Eier nacheinander unterrühren (jedes Ei ½ Minute).

2. Das Mehl und Backpulver mischen, sieben und abwechselnd mit der sauren Sahne nach und nach unter die Fett-Eimasse rühren. Die Hälfte des Teiges in eine gefettete, gemehlte Springform füllen und glatt streichen. Die Pistazien-Zucker-Mischung darauf verteilen und den restlichen Teig auf der Füllung verteilen und glatt streichen.

3. Die Form auf dem Rost in den Backofen schieben.

Ober-/Unterhitze: etwa 180 °C (vorgeheizt)
Heißluft: etwa 160 °C (nicht vorgeheizt)
Gas: etwa Stufe 3 (vorgeheizt)
Backzeit: etwa 1 Stunde.

4. Den Kuchen etwas abkühlen lassen und aus der Form nehmen und ganz erkalten lassen.

5. Die Sahne steif schlagen, mit Vanillin-Zucker abschmecken und in einen Spritzbeutel mit Sterntülle füllen. Die Orangenscheiben vierteln, auf den ausgekühlten Kuchen dicht an dicht Sahnetupfen spritzen, mit Orangenvierteln verzieren und mit den restlichen Pistazien bestreuen.

Tipp:
Den Pistazien-Krokant-Kranz mit einer Eierlikörsahne garnieren. Dazu 125 ml (⅛ l) Schlagsahne mit ½ Päckchen Sahnesteif und 1 Teelöffel Zucker steif schlagen und 2-3 Esslöffel Eierlikör unterrühren.

HEFE-NAPFKUCHEN

[NAPFKUCHENFORM: INHALT ETWA 750 ML (³/₄ L)]

1. Das Mehl in eine Rührschüssel sieben und mit der Hefe mischen. Zucker, Salz, Vanillin-Zucker, Ei, Milch und Öl zufügen und etwa 5 Minuten kneten. Den Teig an einem warmen Ort gehen lassen, bis er sich sichtbar vergrößert hat, nochmals durchkneten, dabei ¾ der Pistazien- und Pinienkerne unterrühren.

2. Den Teig in eine gefettete, mit Semmelbröseln ausgestreute Napfkuchenform füllen und nochmals gehen lassen. Die Form auf dem Rost in den Backofen schieben.

Ober-/Unterhitze: etwa 180 °C (vorgeheizt)
Heißluft: etwa 160 °C (nicht vorgeheizt)
Gas: etwa Stufe 3 (vorgeheizt)
Backzeit: etwa 30 Minuten.

3. Anschließend den Kuchen 5 Minuten in der Form abkühlen lassen und auf ein Kuchenrost stürzen.

4. Das Johannisbeergelee in einem Töpfchen bei mittlerer Hitze flüssig werden lassen und den Puderzucker hineinsieben, glatt rühren, evtl. etwas Wasser zugeben und über den lauwarmen Kuchen ziehen. Den Napfkuchen mit den restlichen Pistazien- und Pinienkernen bestreuen.

ITALIENISCHER GUGELHUPF

(GUGELHUPFFORM: Ø 16 CM)

DIE ZUTATEN:

FÜR DEN TEIG:
50 g HALBBITTER-
KUVERTÜRE
30 g BUTTER
40 g AMARETTI
(ITALIENISCHE MANDEL-
KEKSE)
3 EIER (GRÖSSE M)
3 EL HEISSES WASSER
40 g ZUCKER
1 PCK. VANILLIN-ZUCKER
1 PRISE SALZ
60 g WEIZENMEHL
25 g SPEISESTÄRKE
1 MSP. BACKPULVER

4 EL KAFFEE
1 EL KAFFEELIKÖR
100 g WEISSE KUVERTÜRE
3 AMARETTI

1. Für den Teig die Kuvertüre zerkleinern und zusammen mit der Butter in einem kleinen Topf schmelzen lassen und verrühren. Amaretti in eine Plastiktüte geben, die Tüte verschließen und die Amaretti mit einer Teigrolle zerdrücken.

2. Die Eier trennen, Eigelb und Wasser mit dem Handrührgerät mit Rührbesen auf höchster Stufe in 1 Minute schaumig schlagen. Zucker mit Vanillin-Zucker und Salz mischen, in 1 Minute einstreuen, dann noch etwa 2 Minuten schlagen.

3. Das Mehl, Speisestärke und Backpulver mischen, auf die Eiercreme sieben und kurz auf niedrigster Stufe unterrühren. Die Kuvertüre unterrühren.

4. Das Eiweiß steif schlagen und mit den Amarettibröseln vorsichtig unterheben. Den Teig in die gefettete, mit Mehl bestäubte Form füllen und sofort auf dem Rost in den Backofen schieben.

Ober-/Unterhitze: 180 °C (vorgeheizt)
Heißluft: –
Gas: etwa Stufe 3 (vorgeheizt)
Backzeit: etwa 45 Minuten.

5. Den Kuchen auf einen Kuchenrost stürzen und erkalten lassen.

6. Kaffee und Kaffeelikör mischen und den erkalteten Gugelhupf damit tränken. Die weiße Kuvertüre in einem kleinen Topf im Wasserbad geschmeidig rühren, den Gugelhupf damit beziehen und mit zerkleinerten Amaretti bestreuen.

DIE ZUTATEN:

250 g WEIZENMEHL
½ PCK. BACKPULVER
100 g ZUCKER
1 PCK. VANILLIN-ZUCKER
1 PRISE SALZ
1 EI (GRÖSSE M)
90 g WEICHE BUTTER
125 g MAGERQUARK
125 g RUM-ROSINEN
50 g GROB GEHACKTE MANDELN
50 g GROB GEHACKTES ORANGEAT UND ZITRONAT
200 g MARZIPAN-ROH-MASSE

25 g ZERLASSENE BUTTER
25 g GESIEBTER PUDER-ZUCKER

QUARK-MARZIPAN-STOLLEN
(STOLLENBACKHAUBE: LÄNGE 23,5 CM – FOTO)

1. Das Mehl und Backpulver mischen und in eine Rührschüssel sieben. Den Zucker, Vanillin-Zucker, Salz, Ei, Butter und Quark hinzufügen. Die Zutaten mit dem Hand-rührgerät mit Knethaken zunächst kurz auf niedrigster, dann auf höchster Stufe gut durcharbeiten. Sollte der Teig stark kleben, noch etwas Mehl zugeben.

2. Die Rosinen, Mandeln, Orangeat und Zitronat unterkneten. Den Teig auf der bemehlten Arbeitsfläche auf eine Größe von etwa 23 x 28 cm auseinander drücken.

3. Die Marzipan-Rohmasse zwischen zwei Lagen Klarsichtfolie ausrollen (22 x 25 cm) und ohne Folie auf den Stollenteig legen. Den Teig von der kürzeren Seite her aufrollen und in die gut gefettete Stollenbackhaube drücken.

4. Die Stollenbackhaube mit der offenen Seite nach unten auf ein gefettetes Backblech legen. Das Backblech auf der mittleren Einschubleiste in den Backofen schieben.

Ober-/Unterhitze: etwa 180 °C (vorgeheizt)
Heißluft: etwa 160 °C (nicht vorgeheizt)
Gas: etwa Stufe 3 (vorgeheizt)
Backzeit: 50–60 Minuten.

5. Die Haube nach dem Backen von dem Stollen abnehmen. Den Stollen sofort mit Butter bestreichen und mit Puderzucker bestäuben.

Tipp:
Wer keine kleine Stollenbackhaube hat, kann den Stollen auch mit den Händen formen. Dazu in den aufgerollten Teig mit einem Rollholz der Länge nach eine Vertiefung ein-drücken. Die linke Seite auf die rechte Seite schlagen und den mittleren Teil mit den Händen zu einem Wulst formen. Den Stollen auf einem mit Backpapier (doppelt) belegten Backblech backen.

DIE ZUTATEN:

250 g WEIZENMEHL
2 GESTR. TL BACKPULVER
150 g BUTTER
125 g GERIEBENE
ZARTBITTERSCHOKOLADE
4 EIER (GRÖSSE M)
200 g ZUCKER
1 PCK. VANILLIN-ZUCKER
150 g GEHACKTE
WALNUSSKERNE

1 GLAS SAUERKIRSCHEN
(190 g ABTROPFGEWICHT)
25 g GERASPELTE
SCHOKOLADE

FÜR DEN GUSS:
125 g HALBBITTER-
KUVERTÜRE
60 ml MILCH
40 g BUTTER
KAKAOPULVER

BROWNIES MIT KIRSCHEN UND GUSS *(BACKBLECH: 35 x 18,5 CM)*

1. Für den Teig Mehl und Backpulver mischen und in eine Rührschüssel sieben. Die Butter zerlassen, die Schokolade darin auflösen und die Masse unter das Mehl rühren.

2. Die Eier verrühren und untermischen. Zucker, Vanillin-Zucker und Walnuss-kerne zugeben. Den Teig auf das mit Backpapier belegte Backblech geben und glatt streichen.

3. Kirschen abtropfen lassen und auf einer Teighälfte verteilen. Die geraspelte Schokolade über die Kirschen streuen. Das Backblech in den Backofen schieben.

Ober-/Unterhitze: etwa 180 °C (vorgeheizt)
Heißluft: etwa 160 °C (nicht vorgeheizt)
Gas: etwa Stufe 3 (vorgeheizt)
Backzeit: etwa 30 Minuten.

4. Das Backblech auf einen Kuchenrost stellen und erkalten lassen.

5. Für den Guss die Kuvertüre fein hacken. Die Milch mit der Butter aufkochen, zu der Kuvertüre geben und glatt rühren. Den Guss auf der freien Hälfte des Kuchens verteilen und die Brownies 2–3 Stunden kalt stellen.

6. Einige Papierstreifen auf den festgewordenen Guss legen, Kakao darüber stäuben und die Papierstreifen vorsichtig entfernen. Den Kuchen vor dem Servieren in kleine Quadrate (5 x 5 cm) schneiden.

STACHELBEERKUCHEN MIT GITTER *(Springform: Ø 18 cm)*

1. Für den Teig das Mehl in eine Rührschüssel sieben, die übrigen Zutaten dazugeben und mit dem Handrührgerät mit Knethaken schnell zu einem Teig verarbeiten. Den Teig etwa 30 Minuten kalt stellen.

2. Für den Belag die Stachelbeeren auf einem Sieb abtropfen lassen. Crème fraîche mit Saucen-Pulver, Zucker und Vanillin-Zucker verrühren.

3. Zwei Drittel des Teigs zwischen 2 Lagen Klarsichtfolie in der Größe der Springform ausrollen. Die Teigplatte in die Springform legen und und leicht am Rand hochdrücken. Die Stachelbeeren kreisförmig vom Rand beginnend in die Form legen. Die Crème-fraîche-Masse darüber geben.

4. Den restlichen Teig ebenfalls zwischen 2 Lagen Klarsichtfolie ausrollen und in 1 cm breite Streifen schneiden. Die Teigstreifen als Gitter auf den Kuchen legen und mit Milch bestreichen. Die Form auf dem Rost in den Backofen schieben.

Ober-/Unterhitze: etwa 180 °C (vorgeheizt), **Heißluft:** etwa 160 °C (nicht vorgeheizt), **Gas:** etwa Stufe 3 (vorgeheizt), **Backzeit:** etwa 40 Minuten.

5. Den erkalteten Kuchen mit Puderzucker bestäuben.

DIE ZUTATEN:

FÜR DEN ALL-IN-TEIG:
100 g WEIZENMEHL
2 EL ABGEZOGENE, GEMAHLENE MANDELN
60 g BUTTER
1 EL ZUCKER
1 EIGELB

FÜR DEN BELAG:
1 GLAS STACHELBEEREN (ABTROPFGEWICHT 390 g)
1 BECHER (150 g) CRÈME FRAÎCHE
1 TL SAUCEN-PULVER VANILLE-GESCHMACK
1 EL ZUCKER
1 PCK. VANILLIN-ZUCKER
1 EL MILCH
PUDERZUCKER

FÜR DEN RÜHRTEIG:

150 g WEICHE BUTTER
ODER MARGARINE

75 g ZUCKER

1 PCK. VANILLIN-ZUCKER

3 EIER (GRÖSSE M)

180 g WEIZENMEHL

1 TL BACKPULVER

4 EL EIERLIKÖR

1 KLEINE DOSE
MANDARIN-ORANGEN
(ABTROPFGEWICHT 150 g)

1 GESTR. EL
KAKAOPULVER

1 EL KOKOSRASPEL

FÜR DEN GUSS;

100 g ZARTBITTER-
KUVERTÜRE

2 EL KOKOSRASPEL

MARMORIERTER KOKOS-KUCHEN *(NAPFKUCHENFORM: Ø 16 CM – FOTO)*

1. Für den Teig Butter oder Margarine mit dem Handrührgerät mit Rührbesen auf höchster Stufe geschmeidig rühren. Nach und nach Zucker und Vanillin-Zucker unterrühren, so lange rühren, bis eine gebundene Masse entstanden ist. Die Eier nach und nach unterrühren (jedes Ei etwa ½ Minute).

2. Das Mehl mit Backpulver mischen, sieben und abwechselnd portionsweise mit der Hälfte des Eierlikörs auf mittlerer Stufe unterrühren.

3. Die Mandarin-Orangen auf einem Sieb abtropfen lassen, unter die Hälfte des Teiges rühren und in die gefettete Napfkuchenform füllen. Die zweite Teighälfte mit Kakao, Kokosraspeln und dem restlichen Eierlikör verrühren und auf dem hellen Teig verteilen.

4. Den dunklen Teig mit einer Gabel spiralförmig durch den hellen Teig ziehen. Die Form auf dem Rost in den Backofen schieben.

Ober-/Unterhitze: etwa 180 °C (vorgeheizt), **Heißluft:** etwa 160 °C (nicht vorgeheizt) **Gas:** etwa Stufe 3 (vorgeheizt), **Backzeit:** etwa 50 Minuten.

5. Den Kuchen etwa 10 Minuten in der Form stehen lassen, ihn dann auf einen Kuchenrost stürzen und erkalten lassen.

6. Für den Guss die Kuvertüre in einem Topf im Wasserbad zu einer geschmeidigen Masse verrühren, den Kuchen damit beziehen und mit Kokosraspeln bestreuen.

100 g WEICHE BUTTER
ODER MARGARINE

80 g ZUCKER

1 PCK. VANILLIN-ZUCKER

2 EIER (GRÖSSE M)

150 g WEIZENMEHL

½ PCK. BACKPULVER

50 ml MILCH

20 g ROSINEN

1 TL WEIZENMEHL

1 EL GESIEBTER
 PUDERZUCKER

KLASSISCHER GUGELHUPF
(NAPFKUCHENFORM: Ø 16 CM)

1. Für den Teig die Butter oder Margarine mit dem Handrührgerät mit Rührbesen auf höchster Stufe geschmeidig rühren. Nach und nach Zucker und Vanillin-Zucker unterrühren, so lange rühren, bis eine gebundene Masse entstanden ist. Die Eier nach und nach unterrühren (jedes Ei etwa ½ Minute).

2. Das Mehl mit Backpulver mischen, sieben und abwechselnd portionsweise mit Milch auf mittlerer Stufe unterrühren (nur soviel Milch verwenden, dass der Teig schwer-reißend von einem Löffel fällt). Die Rosinen mit dem Mehl vermengen und unter den Teig rühren.

3. Den Teig in die gefettete, mit Mehl ausgestreute Napfkuchenform füllen. Die Form auf dem Rost in den Backofen schieben.

Ober-/Unterhitze: etwa 180 °C (vorgeheizt), **Heißluft:** etwa 160 °C (nicht vorgeheizt) **Gas:** etwa Stufe 3 (vorgeheizt), **Backzeit:** etwa 50 Minuten.

4. Den Gugelhupf auf einen Kuchenrost stürzen, erkalten lassen und dann mit Puderzucker bestäuben.

DIE ZUTATEN:

FÜR DEN BISKUITTEIG:
3 EIER (GRÖSSE M)
150 g GESIEBTER
PUDERZUCKER
1 PCK. VANILLIN-ZUCKER
150 ml SPEISEÖL
150 ml EIERLIKÖR
ABGERIEBENE SCHALE
VON ½ ZITRONE
(UNBEHANDELT)
75 g WEIZENMEHL
75 g SPEISESTÄRKE
2 ½ GESTR. TL
BACKPULVER

FÜR DEN GUSS:
125–150 g PUDERZUCKER
2–3 EL ZITRONENSAFT
NACH BELIEBEN SPEISE-
FARBE
ZUCKERPERLEN ODER
MARZIPANFIGUREN

TESSINER EIERLIKÖR-KUCHEN *(BRIOCHE-FORM: Ø 15 CM)*

1. Für den Teig die Eier mit dem Puderzucker und Vanillin-Zucker mit dem Hand-rührgerät mit Rührbesen auf höchster Stufe in 1 Minute schaumig rühren.

2. Das Speiseöl, den Eierlikör und die Zitronenschale unterrühren. Das Mehl mit der Speisestärke und dem Backpulver mischen, sieben und portionsweise auf mitt-lerer Stufe unterrühren.

3. Den Teig in eine gefettete, mit Mehl ausgestreute Brioche-Form füllen und sofort backen.

Ober-/Unterhitze: etwa 180 °C (vorgeheizt)
Heißluft: –
Gas: etwa Stufe 3 (vorgeheizt)
Backzeit: etwa 55 Minuten.

4. Den Kuchen etwa 10 Minuten in der Form stehen lassen, dann auf einen Kuchen-rost stürzen und erkalten lassen.

5. Für den Guss den Puderzucker mit dem Zitronensaft zu einer dickflüssigen Masse verrühren, evtl. mit Speisefarbe einfärben. Den Kuchen vorsichtig damit bepinseln, mit Zuckerperlen oder Marzipanfiguren garnieren.

FÜR DEN RÜHRTEIG:
60 g WEIZENMEHL
20 g SPEISESTÄRKE
2 GESTR. TL BACKPULVER
80 g ZUCKER
1 PCK. VANILLIN-ZUCKER
½ PCK. ORANGENFRUCHT
2 EIER (GRÖSSE M)
80 g WEICHE BUTTER

ZUM TRÄNKEN:
75 ml ORANGENSAFT
2 EL ZITRONENSAFT
30 g ZUCKER
½ PCK. ORANGENFRUCHT

FÜR DEN GUSS:
ETWA 125 g GESIEBTER
PUDERZUCKER
ETWA 2 EL ZITRONENSAFT
NACH BELIEBEN ETWAS
SPEISEFARBE

MARZIPANROSEN
SCHLAGSAHNE

ROSENSTERN

(STERNBACKFORM: INHALT 400 ML)

1. Für den Teig das Mehl mit der Speisestärke und dem Backpulver in eine Rührschüssel sieben. Die restlichen Zutaten hinzufügen und mit dem Handrührgerät mit Rührbesen in etwa 2 Minuten zu einem glatten Teig verarbeiten.

2. Den Teig in eine gefettete, gemehlte Sternbackform geben und auf dem Rost in den Backofen stellen.

Ober-/Unterhitze: etwa 180 °C (vorgeheizt), **Heißluft:** etwa 160 °C (vorgeheizt)
Gas: etwa Stufe 3 (vorgeheizt), **Backzeit:** etwa 30 Minuten.

3. Den Kuchen 5–10 Minuten in der Form stehen lassen, dann aus der Form lösen, die Form säubern und den Kuchen wieder hineinsetzen.

4. Zum Tränken des Kuchens die Zutaten gut verrühren. Den Kuchen in der Form mehrmals mit einem Holzstäbchen einstechen und mit gut der Hälfte der Flüssigkeit bepinseln. Dann das Gebäck stürzen und von der anderen Seite mit der restlichen Flüssigkeit bepinseln. Den Kuchen erkalten lassen.

5. Für den Guss den Puderzucker mit dem Zitronensaft zu einem streichfähigen Guss verrühren, mit etwas Speisefarbe einfärben.

6. Den Kuchen mit dem Guss überziehen, mit Marzipanrosen und Sahne garnieren.

Tipp:
Sollte etwas Teig übrig sein, kann er in Papierbackförmchen gegeben und mitgebacken werden.

DIE ZUTATEN:

4 EIER (GRÖSSE M)
75 ml SCHLAGSAHNE
200 g ZUCKER
SAFT VON ½ ZITRONE
1 EL RUM
100 g WEIZENMEHL
½ PCK. TROCKENHEFE
300 g MÖHREN
(KAROTTEN)
200 g ABGEZOGENE,
GEMAHLENE MANDELN

12 MARZIPANRÜBCHEN

KAROTTEN-RAHM-RING

(SPRINGFORM MIT ROHRBODEN: Ø 22 CM – FOTO)

1. Die Eier trennen, in einer Teigschüssel das Eigelb mit heißer Schlagsahne verrühren, langsam unter Schlagen den Zucker einrieseln lassen, dann 1 Minute schlagen, den Zitronensaft und den Rum untermischen.

2. Das Mehl und die Trockenhefe mischen und zufügen, etwa 3 Minuten rühren. Die geputzten Möhren auf einer feinen Reibe raspeln. Die Mandeln und Möhren gut mit der Teigmasse vermengen. Den Teig an einem warmen Ort gehen lassen, bis er sich sichtbar vergrößert hat. Den Teig durchrühren.

3. Das Eiweiß steif schlagen, unter die Masse heben und in eine gefettete, gemehlte Form füllen. Die Form auf dem Rost in den Backofen schieben.

Ober-/Unterhitze: etwa 180 °C (vorgeheizt), **Heißluft:** etwa 160 °C (nicht vorgeheizt)
Gas: etwa Stufe 3 (vorgeheizt), **Backzeit:** etwa 1 Stunde.
Sollte er zu stark bräunen, den Kuchen mit Folie abdecken.

4. Nach dem Backen den Kuchen etwas auskühlen lassen, aus den Form nehmen und auf einer Kuchenplatte anrichten, mit Marzipanrübchen dekorieren.

DIE ZUTATEN:

FÜR DEN RÜHRTEIG:
1 GROSSE, REIFE BANANE
75 g SAURE SAHNE
ABGERIEBENE SCHALE
UND SAFT VON ½ ZITRONE
(UNBEHANDELT)
100 g WEICHE BUTTER
100 g BRAUNER ROHR-
ZUCKER
1 PCK. VANILLIN-ZUCKER
1 PRISE SALZ
2 EIER (GRÖSSE M)
175 g WEIZENMEHL
1½ GESTR. TL
BACKPULVER
KOKOSRASPEL

FÜR DEN GUSS:
75 g PUDERZUCKER
1 EL ZITRONENSAFT

BANANENHUPF

(NAPFKUCHENFORM: Ø 16 CM)

1. Die Banane schälen und zusammen mit der sauren Sahne, Zitronenschale und Zitronensaft mit Hilfe einer Gabel zerdrücken oder im Mixer pürieren.

2. Die Butter schaumig rühren. Zucker, Vanillin-Zucker und Salz hinzufügen und so lange rühren, bis eine gebundene Masse entstanden ist.

3. Die Eier nach und nach unterrühren (jedes Ei ½ Minute). Das Mehl mit Back-pulver mischen, sieben und portionsweise auf mittlerer Stufe unterrühren.

4. Die Bananenmasse unterrühren. Den Teig in die gefettete, mit Kokosraspeln aus-gestreute Napfkuchenform füllen und die Form auf dem Rost in den Backofen schieben.

Ober-/Unterhitze: 180–200 °C (vorgeheizt)
Heißluft: 160–180 °C (nicht vorgeheizt)
Gas: Stufe 3–4 (vorgeheizt)
Backzeit: etwa 50 Minuten.

5. Den Kuchen auf einen Kuchenrost stürzen und erkalten lassen.

6. Für den Guss den gesiebten Puderzucker mit Zitronensaft verrühren und den erkalteten Kuchen damit überziehen.

FÜR DEN RÜHRTEIG:

100 g WEICHE BUTTER

150 g ZUCKER

1 PCK. VANILLIN-ZUCKER

½ FLASCHE RUM-AROMA

4 EIER

100 g SCHOKOLADE

50 g WEIZENMEHL

2 PCK. PUDDING-PULVER
SCHOKOLADE

1 ½ TL BACKPULVER

75 g ABGEZOGENE,
GEMAHLENE MANDELN

FÜR DAS RUM-KONFEKT:

2 BEUTEL RUM-AROMA

200 g ZARTBITTER-
SCHOKOLADE

25 g WEICHE BUTTER

100 g RASPEL-
SCHOKOLADE

ZUM BESTÄUBEN:
KAKAOPULVER
PUDERZUCKER

**FÜR DAS MARZIPAN-
KONFEKT:**

100 g MARZIPAN-ROH-
MASSE

50 g ABGEZOGENE,
GEMAHLENE MANDELN

50 g GEMAHLENE
PISTAZIENKERNE

1 BEUTEL VANILLE-AROMA

30 ml (2 EL) MANDEL-
LIKÖR

FÜR DEN GUSS:

150 g WEISSE
SCHOKOLADE

20 g KOKOSFETT

GEFÜLLTER STERN

(STERNFORM: INHALT 1250 ML)

1. Für den Teig die Butter mit dem Handrührgerät mit Rührbesen auf höchster Stufe geschmeidig rühren. Nach und nach Zucker, Vanillin-Zucker und Rum-Aroma unterrühren. So lange rühren, bis eine gebundene Masse entstanden ist.

2. Die Eier und die fein geriebene Schokolade unterrühren. Das Mehl mit Pudding-Pulver und Backpulver mischen, sieben und portionsweise auf mittlerer Stufe unterrühren. Die Mandeln unterrühren. Den Teig in eine gut gefettete Stern-Back-form füllen, glatt streichen, auf dem Rost in den Backofen schieben.

Ober-/Unterhitze: etwa 180 °C (vorgeheizt), **Heißluft:** etwa 160 °C (nicht vorgeheizt) **Gas:** etwa Stufe 3 (vorgeheizt), **Backzeit:** etwa 45 Minuten.

3. Das Gebäck 5 Minuten in der Form abkühlen lassen, auf einen Kuchenrost stürzen, abkühlen lassen. Den Stern umdrehen, eine etwa 1 cm dicke Scheibe waagerecht abschneiden. Den Stern in Alufolie verpacken, bis zum nächsten Tag aufbewahren.

4. Für das Rum-Konfekt die Scheibe zerkrümeln und davon 50 g mit einer Gabel fein zerdrücken, mit dem Rum-Aroma vermengen, 1 Tag durchziehen lassen. Die Schokolade fein reiben, mit der Butter und den durchgezogenen Gebäckkrümeln gut verkneten. Aus der Masse Kugeln formen, in der Raspelschokolade wenden, in Papier-Pralinen-Förmchen legen.

5. Den Stern mit Kakaopulver und dann mit Puderzucker bestäuben.

6. Für das Marzipan-Konfekt die Marzipan-Rohmasse mit Mandeln, Pistazien-kernen, Vanille-Aroma und Mandel-Likör zu einer glatten Masse verkneten, etwa 2 Stunden kalt stellen. Die Masse auf einer mit Puderzucker bestäubten Arbeits-fläche knapp 2 cm dick ausrollen, kleine Motive ausstechen.

7. Für den Guss die Schokolade in kleine Stücke brechen, zusammen mit dem Kokosfett in einem kleinen Topf bei schwacher Hitze zu einer geschmeidigen Masse verrühren. Die Stücke damit überziehen, nach Belieben verzieren und garnieren. Das Konfekt in dem Stern anrichten.

OBST-SAVARIN

(KRANZFORM: Ø 20 CM)

1. Für den Teig die Eier und das Wasser mit dem Handrührgerät mit Rührbesen auf höchster Stufe in 1 Minute schaumig schlagen. Zucker, Vanillin-Zucker und Orangenfrucht mischen, in 1 Minute einstreuen. Dann noch 2 Minuten weiterschlagen.

2. Das Mehl mit Speisestärke und Backpulver mischen. Die Hälfte davon auf die Eiercreme sieben, kurz auf niedrigster Stufe unterrühren. Den Rest des Mehlgemisches auf die gleiche Weise unterarbeiten. Den Teig in eine gut gefettete, gut gemehlte Kranzform füllen. Die Form auf dem Rost in den Backofen schieben.

Ober-/Unterhitze: 180–200 °C (vorgeheizt), **Heißluft:** –
Gas: Stufe 3–4 (vorgeheizt), **Backzeit:** etwa 25 Minuten.

3. Das Gebäck 5–10 Minuten ruhen lassen, dann aus der Form stürzen und wieder in die gereinigte Form geben. Das Gebäck mehrmals mit einem Holzstäbchen einstechen. Zum Tränken den Orangensaft und den Likör erwärmen.

4. Den Kranz mit der Hälfte des Saftes mit Hilfe eines Pinsels tränken. Das Gebäck abkühlen lassen, auf eine Tortenplatte stürzen, mit der restlichen Flüssigkeit tränken.

5. Die Konfitüre durch ein Sieb streichen, unter Rühren aufkochen lassen, den Kranz damit bestreichen. Für den Fruchtsalat die Pfirsiche abtropfen lassen, den Saft auffangen.

6. Die übrigen Früchte vorbereiten, mit den Pfirsichen in Spalten oder Würfel schneiden. Das Obst in den Pfirsichsaft geben, mit dem Zitronensaft vermengen.

7. Für die Weinschaumsauce alle Zutaten in einen Kochtopf geben und mit dem Handrührgerät mit Rührbesen kurz verrühren. Dann unter Schlagen so lange erhitzen, bis eine Kochblase aufsteigt.

8. Den Savarin mit den abgetropften Früchten füllen. Die Sauce dazureichen.

DIE ZUTATEN:

FÜR DEN BISKUITTEIG:
2 EIER (GRÖSSE M)
2 EL HEISSES WASSER
75 g ZUCKER
1 PCK. VANILLIN-ZUCKER
½ PCK. ORANGENFRUCHT
100 g WEIZENMEHL
25 g SPEISESTÄRKE
½ GESTR. TL BACKPULVER

ZUM TRÄNKEN:
300 ml ORANGENSAFT
3 EL ORANGENLIKÖR

ZUM BESTREICHEN:
2 EL APRIKOSEN-KONFITÜRE

FÜR DEN FRUCHTSALAT:
1 KLEINE DOSE (240 g) PFIRSICHE
1 kg VORBEREITETE FRÜCHTE, Z.B. BANANE, KIWI, ÄPFEL, WEINTRAUBEN, PFIRSICHSPALTEN, ERDBEEREN
SAFT VON 1 ZITRONE

FÜR DIE WEINSCHAUM-SAUCE:
3 EIER (GRÖSSE M)
150 g ZUCKER
½ PCK. ORANGENFRUCHT
1 ½ EL ORANGENSAFT
1 ½ EL ZITRONENSAFT
1 ½ EL SPEISESTÄRKE
375 ml (³/₈ l) WEISSWEIN

**2 RECHTECKIGE PLATTEN
TK-BLÄTTERTEIG
(JE ETWA 80 g)**

**FÜR DEN BELAG:
3 BIRNEN
2 EL BIRNENBRAND**

**FÜR DEN GUSS:
100 g DOPPELRAHM-
FRISCHKÄSE
100 ml SCHLAGSAHNE
1 EI
1 EL ZUCKER
1 EL SPEISESTÄRKE**

BIRNENTARTE
(TARTEFORM: Ø ETWA 20 CM – FOTO)

1. Den Blätterteig zugedeckt bei Zimmertemperatur auftauen lassen. Die Längskanten des Blätterteiges etwa 1 cm übereinander legen, mit einem Teigroller andrücken. Den Blätterteig je nach Formgröße etwas ausrollen.

2. Den Blätterteig in eine mit Wasser ausgespülte Tarteform legen, dabei die Teigränder über den Rand der Form abstehen lassen.

3. Für den Belag die Birnen schälen, halbieren, das Kerngehäuse entfernen, die Birnen mit Birnenbrand beträufeln.

4. Für den Guss Frischkäse mit Sahne, Ei, Zucker und Speisestärke verrühren.

5. Die Birnenhälften fächerartig einschneiden und als Fächer auf den Teig legen. Den Guss darüber gießen. Die Form auf dem Rost in den Backofen schieben.

Ober-/Unterhitze: etwa 180 °C (vorgeheizt), **Heißluft:** etwa 160 °C (nicht vorgeheizt) **Gas:** etwa Stufe 3 (vorgeheizt), **Backzeit:** etwa 40 Minuten.

**FÜR DEN BELAG:
400 g RHABARBER
250 g STACHELBEEREN**

**FÜR DEN RÜHRTEIG:
125 g WEICHE BUTTER
ODER MARGARINE
80 g ZUCKER
1 PRISE SALZ
2 EIER (GRÖSSE M)
250 g WEIZENMEHL
½ PCK. BACKPULVER
60 ml MILCH**

**FÜR DEN GUSS:
250 g SCHMAND ODER
SAURE SAHNE
1 EI (GRÖSSE M)
35 g ZUCKER
½ PCK. PUDDING-PULVER
VANILLE-GESCHMACK
1 EL HAGELZUCKER**

RHABARBER-STACHELBEER-KUCHEN (BACKBLECH: 35 x 18,5 cm)

1. Für den Belag Rhabarber putzen (nicht abziehen), waschen und in etwa 5 cm lange Stücke schneiden. Frische Stachelbeeren putzen, waschen und abtropfen lassen (Stachelbeeren aus dem Glas auf einem Sieb gut abtropfen lassen).

2. Für den Teig Butter oder Margarine mit dem Handrührgerät mit Rührbesen auf höchster Stufe geschmeidig rühren. Nach und nach Zucker und Salz unterrühren, so lange rühren, bis eine gebundene Masse entstanden ist. Eier nach und nach unterrühren (jedes Ei etwa ½ Minute).

3. Mehl mit Backpulver mischen, sieben und abwechselnd portionsweise mit Milch auf mittlerer Stufe unterrühren (nur soviel Milch verwenden, dass der Teig schwerreißend von einem Löffel fällt). Den Teig auf ein gefettetes Backblech oder eine gefettete Fettfangschale geben und glatt streichen.

4. Für den Guss Schmand oder saure Sahne, Ei, Zucker und Pudding-Pulver verrühren und gleichmäßig auf dem Teig verteilen. Rhabarber und Stachelbeeren auf den Guss legen. Das Backblech in den Backofen schieben.

Ober-/Unterhitze: etwa 200 °C (vorgeheizt)
Heißluft: etwa 180 °C (nicht vorgeheizt)
Gas: etwa Stufe 4 (vorgeheizt)
Backzeit: 30–35 Minuten.

5. Den Kuchen nach Belieben vor dem Servieren mit Hagelzucker bestreuen.

FÜR DEN STRUDELTEIG:
125 g WEIZENMEHL
3 TROPFEN ZITRONEN-
AROMA
1 PRISE SALZ
30 ml SPEISEÖL
50 ml LAUWARMES
WASSER

**ZUM BESTREICHEN UND
BESTREUEN:**
25 g ZERLASSENE BUTTER
1 GEH. EL SEMMELBRÖSEL

FÜR DIE FÜLLUNG:
125 g CRÈME DOUBLE
1 EIGELB
1 PCK. SOSSENPULVER
VANILLE-GESCHMACK
50 g ZUCKER
3 TROPFEN ZITRONEN-
AROMA
300 g VORBEREITETE
BEEREN Z.B. JOHANNIS-,
BLAU- UND BROMBEEREN
ODER 300 g TK- BEEREN-
COCKTAIL (AUFGETAUT,
SEHR GUT ABGETROPFT)
50 g ABGEZOGENE,
GEHOBELTE, GEBRÄUNTE
MANDELN
1 EL ABGEZOGENE,
GEHOBELTE MANDELN

ZUM GARNIEREN:
200 g VORBEREITETE
BEEREN

BEEREN-STRUDEL *(6–8 PORTIONEN)*

1. Für den Teig das Mehl in eine Rührschüssel sieben. Aroma, Salz, Speiseöl und Wasser hinzufügen. Die Zutaten mit dem Handrührgerät mit Knethaken zunächst kurz auf niedrigster dann auf höchster Stufe gut durcharbeiten.

2. Anschließend auf der Arbeitsfläche zu einem glatten Teig verkneten. Den Teig auf Backpapier in einen heißen, trockenen Kochtopf legen (vorher Wasser darin kochen), mit einem Deckel verschließen und 1 Stunde ruhen lassen.

3. Den Teig auf einem bemehlten großen Tuch (Tischtuch) dünn ausrollen und mit den Händen zu einem Rechteck von 50 x 30 cm ausziehen. Evtl. die dickeren Ränder abschneiden. Den Teig mit der Hälfte der Butter bestreichen und die untere Teig-hälfte mit den Semmelbröseln bestreuen.

4. Für die Füllung die Crème double mit dem Eigelb, Soßen-Pulver, Zucker und Aroma verrühren. Die Beeren und gebräunten Mandeln unterheben. Die Masse auf dem mit Semmelbröseln bestreuten Teigstück verteilen.

5. Den Teig von der bestreuten Seite her aufrollen. Die Teigrolle auf ein mit Backpapier belegtes Backblech legen, zu einem Ring formen, mit der restlichen Butter bestreichen und mit den Mandeln bestreuen. Das Backblech in den Backofen schieben.

Ober-/Unterhitze: 200–220 °C (vorgeheizt), **Heißluft:** 180–200 °C (nicht vorgeheizt)
Gas: Stufe 4–5 (vorgeheizt), **Backzeit:** etwa 30 Minuten.

6. Zum Garnieren die Beeren in die Mitte des Strudels geben und warm servieren.

KLEINER LIEBLINGSKUCHEN

(NAPFKUCHENFORM: Ø 16 CM)

1. Für den Teig die Butter mit dem Handrührgerät mit Rührbesen auf höchster Stufe in etwa ½ Minute geschmeidig rühren. Nach und nach den Zucker, Vanillin-Zucker und Salz unterrühren. So lange rühren, bis eine gebundene Masse entstanden ist.

2. Dann das Ei in etwa ½ Minute unterrühren. Das Mehl mit dem Backpulver mischen, sieben und portionsweise auf mittlerer Stufe unterrühren. Die Milch und Haselnüsse in den Teig rühren.

3. ⅔ des Teiges in eine gefettete, bemehlte Napfkuchenform füllen. Unter den restlichen Teig Kakao und Schokolade rühren, auf den hellen Teig geben und mit einer kleinen Gabel vorsichtig spiralförmig unter den Teig mengen. Die Form auf dem Rost in den Backofen schieben.

Ober-/Unterhitze: etwa 180 °C (vorgeheizt), **Heißluft:** etwa 160 °C (nicht vorgeheizt)
Gas: etwa Stufe 3 (vorgeheizt), **Backzeit:** 30–40 Minuten.

4. Den Kuchen nach dem Backen noch 10 Minuten in der Form stehen lassen, dann auf einen Kuchenrost stürzen und erkalten lassen.

5. Den Kuchen mit Puderzucker bestäuben.

DIE ZUTATEN:

FÜR DEN RÜHRTEIG:
50 g WEICHE BUTTER
50 g ZUCKER
1 PCK. VANILLIN-ZUCKER
1 PRISE SALZ
1 EI (GRÖSSE M)
100 g WEIZENMEHL
1 GESTR. TL BACKPULVER
2 EL MILCH
30 g ABGEZOGENE, GEMAHLENE HASELNUSS-KERNE
1 TL KAKAOPULVER
20 g GEHACKTE VOLLMILCH-SCHOKOLADE

ETWAS PUDERZUCKER

DIE ZUTATEN:

FÜR DEN TEIG:

125 g WEIZENMEHL

30 ml SPEISEÖL

1 PRISE SALZ

50 ml LAUWARMES
WASSER

FÜR DIE FÜLLUNG:

30 g PISTAZIENKERNE

700 g BIRNEN

50 g BUTTER

2 EL SEMMELBRÖSEL

1–2 EL ZUCKER

½ TL GEMAHLENER ZIMT

FÜR DIE ZABAIONE:

3 EIGELB

1 ½ EL ZUCKER

100 ml MARSALA
(ITAL. DESSERTWEIN)

SAFT UND ABGERIEBENE
SCHALE VON 1 ZITRONE
(UNBEHANDELT)

1 MSP. SPEISESTÄRKE

3 EL PUDERZUCKER

BIRNEN-PISTAZIEN-STRUDEL
(ETWA 5 PORTIONEN – FOTO)

1. Für den Teig das Mehl in eine Rührschüssel sieben, Öl, Salz und Wasser hinzufügen. Die Zutaten mit dem Handrührgerät mit Knethaken zunächst kurz auf
niedrigster, dann auf höchster Stufe gut durcharbeiten, anschließend auf der Arbeitsfläche zu einem glatten Teig verkneten. Den Teig auf Backpapier in einen heißen,
trockenen Kochtopf legen (vorher Wasser darin kochen), mit einem Deckel verschließen, etwa 30 Minuten ruhen lassen.

2. Die Pistazienkerne grob hacken. Die Birnen schälen, vierteln, entkernen und in
dünne Spalten schneiden. Die Butter schmelzen. Den Teig auf einem bemehlten
Geschirrtuch hauchdünn zu einem Qudrat von 35 x 35 cm ausrollen, mit der Hälfte
der Butter bestreichen und die Semmelbrösel darüber streuen.

3. Die Birnenspalten und Pistazien auf ¾ der Fläche verteilen, die Ränder dabei
2 cm frei lassen. Zucker und Zimt mischen und darüber streuen. Die Teigränder über
die Füllung klappen. Die Teigplatte mit Hilfe des Geschirrtuches aufrollen und auf
ein mit Backpapier belegtes Backblech setzen.

4. Den Strudel mit Butter bestreichen in den Backofen schieben.

Ober-/Unterhitze: etwa 200 °C (vorgeheizt)
Heißluft: etwa 180 °C (nicht vorgeheizt)
Gas: etwa Stufe 4 (vorgeheizt)
Backzeit: etwa 40 Minuten.

5. Den Strudel während des Backens mehrmals mit der restlichen Butter bestreichen.

6. Für die Zabaione Eigelb, Zucker, Marsala, Zitronensaft, Zitronenschale und
Speisestärke mit dem Schneebesen so lange schlagen, bis eine Kochblase aufsteigt.

7. Die Zabaione zu dem mit Puderzucker beträubten Birnen-Pistazien-Strudel
servieren.

Tipp:
Statt der Birnen können auch 700 g Äpfel, z.B. die
Sorten Boskop oder Elstar verwendet werden.

DIE ZUTATEN:

FÜR DEN STREUSELTEIG:
150 g WEIZENMEHL
60 g ZUCKER
½ PCK. VANILLIN-ZUCKER
75–100 g ZERLASSENE,
ABGEKÜHLTE BUTTER
½ TL GEMAHLENER ZIMT
1–2 ÄPFEL

APPLE CRUMBLE

(GRATINFORM: Ø 20 CM)

1. Für den Teig das Mehl in eine Rührschüssel sieben, mit Zucker und Vanillin-Zucker mischen. Butter und Zimt hinzufügen. Alle Zutaten mit dem Handrührgerät mit Knethaken zu Streuseln von gewünschter Größe verarbeiten. Den Teig etwa 30 Minuten kalt stellen.

2. Die Äpfel schälen, halbieren, entkernen und in Scheiben schneiden. Die Apfelscheiben mit dem Teig vermengen und in eine gefettete Gratinform füllen. Die Form auf dem Rost in den Backofen schieben.

Ober-/Unterhitze: etwa 200 °C (vorgeheizt)
Heißluft: etwa 180 °C (vorgeheizt)
Gas: etwa Stufe 4 (vorgeheizt)
Backzeit: etwa 25 Minuten.

Tipp:
Statt mit Äpfeln kann der Crumble auch mit frischen
Stachelbeeren zubereitet werden.

KOKOSHERZEN

(FÜR 2 HERZFORMEN: INHALT JE 250 ML)

1. Für den Teig Butter oder Margarine mit dem Handrührgerät mit Rührbesen auf höchster Stufe geschmeidig rühren. Nach und nach Zucker, Vanillin-Zucker, Orangenschale und Zitronensaft unterrühren, so lange rühren, bis eine gebundene Masse entstanden ist. Das Ei nach und nach unterrühren (etwa ½ Minute).

2. Das Mehl mit dem Backpulver mischen, sieben und portionsweise auf mittlerer Stufe unterrühren. Die Schlagsahne und Kokosraspeln unterrühren. Den Teig in 2 gefettete, gemehlte Herzformen geben, glatt streichen und die Backformen auf dem Rost in den Backofen schieben.

Ober-/Unterhitze: etwa 180 °C (vorgeheizt)
Heißluft: etwa 160 °C (vorgeheizt)
Gas: etwa Stufe 3 (vorgeheizt)
Backzeit: etwa 25 Minuten.

3. Die Herzen 5 Minuten in der Form stehen lassen, dann auf Papier auf einen Kuchenrost stürzen und erkalten lassen.

4. Für den Belag die Sahne mit Sahnesteif steif schlagen, mit Vanillin-Zucker und Zucker abschmecken. Die Herzen damit rundherum bestreichen, mit Kokosraspeln bestreuen und mit Kokos-Pralinen garnieren.

DIE ZUTATEN:

FÜR DEN RÜHRTEIG:
75 g WEICHE BUTTER ODER MARGARINE
50 g ZUCKER
½ PCK. VANILLIN-ZUCKER
½ TL ABGERIEBENE ORANGENSCHALE
1 EL ZITRONENSAFT
1 EI (GRÖSSE M)
75 g WEIZENMEHL
1 GESTR. TL BACKPULVER
2 EL SCHLAGSAHNE
1 GEHÄUFTER EL KOKOS-RASPEL

FÜR DEN BELAG:
150 ml SCHLAGSAHNE
½ PCK. SAHNESTEIF
½ PCK. VANILLIN-ZUCKER
1 TL ZUCKER
2–3 EL KOKOSRASPEL
KOKOS-PRALINEN

125 g GETROCKNETE
ANANAS

3 EL WEISSER RUM

FÜR DEN RÜHRTEIG:

75 g WEICHE BUTTER

75 g ZUCKER

1 PCK. VANILLIN-ZUCKER

1 PRISE SALZ

½ ARRAK-AROMA

1 MSP. GEMAHLENER
INGWER

3 EIGELB (GRÖSSE M)

150 g WEIZENMEHL

2 GESTR. TL BACKPULVER

3 EIWEISS (GRÖSSE M)

50 g GEMAHLENE
MANDELN

ZUM TRÄNKEN UND
BESTREICHEN:

3 EL WEISSER RUM

1 EL ANANAS-KONFITÜRE

1 EL INGWER-KONFITÜRE

.ZUM BELEGEN:

125 g MARZIPAN-ROH-
MASSE

25 g GESIEBTER PUDER-
ZUCKER

FÜR DEN GUSS:

150 g PUDERZUCKER

ETWAS EIWEISS

ZUM GARNIEREN:

75 g MARZIPAN-
ROHMASSE

20 g PUDERZUCKER

SPEISEFARBE

BUNTE DEKORZUTATEN

ANANAS-INGWER-KUCHEN

(SPRINGFORM: Ø 18 CM)

1. Die getrockneten Ananas fein würfeln, in dem Rum – am besten über Nacht – ziehen lassen.

2. Für den Teig die Butter mit dem Handrührgerät mit Rührbesen auf höchster Stufe geschmeidig rühren. Nach und nach den Zucker, Vanillin-Zucker und das Salz unterrühren, so lange rühren, bis eine gebundene Masse entstanden ist.

3. Das Arrak-Aroma und den Ingwer zugeben. Das Eigelb nach und nach unterrühren. Das Mehl mit dem Backpulver mischen, sieben, portionsweise auf mittlerer Stufe unterrühren. Das Eiweiß steif schlagen, mit den Mandeln und den eingeweichten Ananas-Stückchen unterheben.

4. Den Teig in die Springform (Boden gefettet, mit Backpapier belegt) füllen, glatt streichen.

Ober-/Unterhitze: etwa 180 °C (vorgeheizt)
Heißluft: etwa 160 °C (nicht vorgeheizt)
Gas: etwa Stufe 3 (vorgeheizt)
Backzeit: etwa 50 Minuten.

5. Sofort nach dem Backen die Springform lösen, das Gebäck auf einem mit Backpapier belegten Kuchenrost stürzen, abkühlen lassen.

6. Das Gebäck mit dem Rum tränken. Zum Bestreichen die Ananas-Konfitüre mit der Ingwer-Konfitüre verrühren, erwärmen, das Gebäck damit bestreichen.

7. Zum Belegen die Marzipan-Rohmasse mit dem Puderzucker verkneten, auf Puderzucker ausrollen, den Rand und die Oberfläche des Gebäcks damit belegen, kalt stellen.

8. Für den Guss den Puderzucker mit etwas Eiweiß zu einer dickflüssigen Masse verrühren, das Gebäck damit überziehen, den Guss fest werden lassen.

9. Zum Garnieren die Marzipan-Rohmasse mit dem gesiebten Puderzucker gut durchkneten, nach Belieben mit Speisefarbe einfärben, daraus eine Schleife mit Bändern formen, auf den Kuchen legen. Dann nach Belieben den Kuchen mit bunten Dekorzutaten verzieren.

TÖRTCHEN UND GEBÄCKE

*TORTELETTS MIT
ZITRONENMOUSSE
UND STACHELBEEREN,
REZEPT SEITE 68*

FÜR DEN KNETTEIG:
150 g WEIZENMEHL
50 g ZUCKER
1 PRISE SALZ
1 EI (GRÖSSE M)
100 g BUTTER

FÜR DIE ZITRONEN-
MOUSSE:
200 g WEISSE KUVERTÜRE
2 EIER (GRÖSSE M)
250 ml (¼ l) SCHLAG-
SAHNE
1 ZITRONE
(UNBEHANDELT)
1 EL ZITRONENSAFT

FÜR DEN BELAG:
250 g GEDÜNSTETE
STACHELBEEREN
250 g ZUCKER
3 EL ZITRONENSAFT

TORTELETTS MIT ZITRONEN-MOUSSE UND STACHELBEEREN

(TORTELETTFÖRMCHEN: Ø 8 CM – FOTO SEITE 66/67)

1. Für den Teig das Mehl in eine Rührschüssel sieben. Zucker, Salz, Ei und Butter hinzufügen. Die Zutaten mit dem Handrührgerät mit Knethaken zunächst kurz auf niedrigster, dann auf höchster Stufe gut durcharbeiten.

2. Den Teig auf der bemehlten Arbeitsfläche zu einem glatten Teig verkneten, sollte er kleben, ihn eine Zeit lang kalt stellen. Den Teig auf der bemehlten Arbeitsfläche dünn ausrollen, vorsichtig auf das Rollholz wickeln und locker über die gefetteten Tortelettförmchen abwickeln. Mit dem Rollholz kräftig über den Teig rollen, so dass die Förmchenränder den Teig abschneiden. Den Teig gut andrücken.

3. Den Teigboden mit einer Gabel einstechen, die Förmchen auf dem Rost in den Backofen schieben.

Ober-/Unterhitze: etwa 200 °C (vorgeheizt)
Heißluft: etwa 180 °C (vorgeheizt)
Gas: etwa Stufe 4 (vorgeheizt)
Backzeit: etwa 25 Minuten.

4. Die Torteletts aus den Förmchen stürzen und erkalten lassen.

5. Für die Mousse die Kuvertüre grob zerkleinern und in einem kleinen Topf im Wasserbad zu einer geschmeidigen Masse verrühren.

6. Die Eier im heißen Wasserbad dicklich schaumig schlagen. Die Kuvertüre unter die Eiermasse rühren. Die Sahne steif schlagen und unter die abgekühlte Masse heben.

7. Die Zitrone heiß abwaschen und gründlich abreiben. Die Schale dünn abschneiden und fein schneiden, die Hälfte davon mit dem Zitronensaft zur Mousse geben, den Rest zum Garnieren beiseite stellen.

8. Für den Belag die Stachelbeeren gut abtropfen lassen, nebeneinander auf Backpapier legen. Zucker mit Zitronensaft in einem Topf etwas karamellisieren lassen. Den Karamell mit einem Löffel über den Stachelbeeren verteilen und trocknen lassen.

9. Die Mousse mit einem Esslöffel portionsweise abstechen und in die Torteletts füllen. Die Torteletts mit den karamellisierten Stachelbeeren und der restlichen Zitronenschale anrichten.

MANDELSCHLEIFEN

(ETWA 20 STÜCK–FOTO)

1. Den Blätterteig zugedeckt bei Zimmertemperatur auftauen lassen, die Platten aufeinander legen, zu einem Rechteck (50 x 35 cm) ausrollen.

2. Für die Füllung die Marzipan-Rohmasse, Konfitüre und Butter mit dem Hand-rührgerät mit Rührbesen zu einer geschmeidigen Masse verrühren, auf eine Teig-hälfte streichen, die andere Teighälfte darüber klappen, so dass ein Rechteck (25 x 35 cm) entsteht, das gefüllte Teigstück in etwa 1 ½ cm breite und 25 cm lange Streifen schneiden, die Teigstreifen zu einem losen Knoten schlingen, auf ein gefet-tetes, mit Wasser besprenkeltes Backblech legen. Die Schleifen mit Kondensmilch bestreichen und mit Mandeln bestreuen. Das Backblech in den Backofen schieben.

Ober-/Unterhitze: 200–220 °C (vorgeheizt)
Heißluft: 160–180 °C (vorgeheizt)
Gas: Stufe 4–5 (vorgeheizt)
Backzeit: etwa 15 Minuten.

3. Die erkalteten Mandelschleifen vor dem Servieren mit Puderzucker bestäuben.

DIE ZUTATEN:

160 g WEICHE BUTTER
100 g MARZIPAN-
ROHMASSE
100 g ZUCKER
1 PCK. VANILLIN-ZUCKER
SALZ, 4 EIER
ABGERIEBENE SCHALE
VON ½ ORANGE
(UNBEHANDELT)
30 g FEIN GEHACKTES
ORANGEAT
125 g KOKOSRASPEL
GESIEBTER PUDERZUCKER
BELEGKIRSCHEN
SAHNE
SCHOKOLADENRASPEL

KOKOS-ORANGEN-TÖRTCHEN

(20 STÜCK – 40 PAPIERBACKFÖRMCHEN)

1. Die Butter mit der Marzipan-Rohmasse mit dem Handrühgerät mit Rührbesen auf höchster Stufe geschmeidig rühren, nach und nach Zucker, Vanillin-Zucker, Salz, Eier und Orangeschale unterrühren.

2. Orangeat und Kokosraspeln hinzufügen und unterrühren. Je zwei Papierback-förmchen ineinander setzen und den Teig gleichmäßig darin verteilen. Die Förmchen auf ein Backblech stellen und das Backblech in den Backofen schieben.

Ober-/Unterhitze: etwa 180 °C (vorgeheizt)
Heißluft: etwa 160 °C (vorgeheizt)
Gas: etwa Stufe 3 (vorgeheizt)
Backzeit: etwa 25 Minuten.

3. Die gebackenen Törtchen erkalten lassen, mit gesiebtem Puderzucker bestäuben, mit Belegkirschen, Sahnetuffs und Schokoladenraspeln garnieren.

BESCHWIPSTE KÄSEKUCHEN-HAPPEN *(BACKBLECH: 35 x 18,5 CM)*

1. Die Trockenfrüchte (außer die Rosinen) klein schneiden und mit den restlichen Zutaten vermengen, etwa 30 Minuten marinieren, ab und zu durchrühren.

2. Für die Streusel alle Zutaten in eine Rührschüssel geben und mit dem Handrührgerät mit Knethaken zu Streuseln verarbeiten. Gut die Hälfte der Streusel auf das mit Backpapier belegte Backblech geben und mit bemehlten Händen andrücken.

3. Für die Füllung die Butter geschmeidig rühren, nach und nach Zucker, Vanillin-Zucker, Eier, Eiweiß, Zitronensaft, Quark und Puddingpulver unterrühren. Die Quarkmasse auf die Teigplatte geben. Die restlichen Streusel darüber streuen.

4. Zuletzt die marinierten Früchte darüber verteilen. Das Backblech in den Backofen schieben.

Ober-/Unterhitze: etwa 180 °C (vorgeheizt)
Heißluft: etwa 160 °C (nicht vorgeheizt)
Gas: etwa Stufe 3 (vorgeheizt)
Backzeit: etwa 45 Minuten.

5. Das Backblech auf einen Kuchenrost stellen und erkalten lassen. Den Kuchen in Quadrate schneiden und nach Belieben in Papierbackförmchen setzen.

DIE ZUTATEN:

ZUM BESTREUEN:
125 g TROCKENFRÜCHTE (Z.B. FEIGEN, DATTELN, ROSINEN)
25 g ZITRONAT (SUKKADE)
25 g ABGEZOGENE, GEHACKTE MANDELN
4 EL RUM ODER WHISKY

FÜR DIE STREUSEL:
250 g WEIZENMEHL
1 TL BACKPULVER
125 g ZUCKER
1 PCK. VANILLIN-ZUCKER
SAFT VON 1 ZITRONE
1 EIGELB (GRÖSSE M)
125 g WEICHE BUTTER

FÜR DIE FÜLLUNG:
100 g WEICHE BUTTER
100 g ZUCKER
1 PCK. VANILLIN-ZUCKER
2 EIER (GRÖSSE M)
1 EIWEISS (GRÖSSE M)
SAFT VON 1 ZITRONE
500 g MAGERQUARK
1 PCK. PUDDINGPULVER VANILLE-GESCHMACK

BUTTER ODER MARGARINE

FÜR DEN BISKUITTEIG:
4 EIER
100 g MARZIPAN-
ROHMASSE
100 g ZUCKER
1 PCK. VANILLIN-ZUCKER
100 g WEIZENMEHL
2 GESTR. TL BACKPULVER
100 g NICHT ABGEZOGENE,
GEMAHLENE MANDELN

FÜR DIE FÜLLUNG:
125 g MEHRFRUCHT-
KONFITÜRE
400 ml SCHLAGSAHNE
1 PCK. SAHNESTEIF
50 g ZUCKER
1 PCK. BOURBON-
VANILLE-AROMA

ZUM GARNIEREN:
100 g MARZIPAN-
ROHMASSE
50 g GESIEBTER
PUDERZUCKER
VERSCHIEDENE SPEISE-
FARBEN
50 g GEHACKTE,
GEBRÄUNTE MANDELN

MINI-MARZIPAN-TÖRTCHEN
(6 STÜCK – FOTO)

1. Alufolie (extra stark) so legen, dass 6-mal ein 20 cm langes Stück Folie aufeinander liegt. Auf das oberste Stück Folie 1 Kreis von 20 cm Durchmesser aufzeichnen, so ausschneiden, dass 6 runde Folienblätter entstehen. Diese Folienblätter einzeln mit der blanken Seite auf den Boden eines umgedrehten Blechdose (Ø 10 cm) legen. Die überstehende Folie fest andrücken, so dass Förmchen mit einem gleichmäßig hohen Rand entstehen. Die Förmchen abnehmen und mit weicher Butter oder Margarine einfetten.

2. Für den Teig zunächst ein Ei und das Marzipan mit dem Handrührgerät mit Rührbesen auf höchster Stufe in 1 Minute glatt rühren. Die restlichen Eier zufügen, Zucker und Vanillin-Zucker mischen, in 1 Minute einstreuen, dann noch etwa 2 Minuten schlagen.

3. Mehl mit Backpulver mischen, die Hälfte davon auf die Eiercreme sieben, kurz auf niedrigster Stufe unterrühren, den Rest des Mehlgemisches auf die gleiche Art unterarbeiten. Zuletzt die gemahlenen Mandeln unterrühren.

4. Den Teig gleichmäßig in die Förmchen verteilen und glatt streichen. Die Förmchen auf ein Backblech stellen, das Backblech in den Backofen schieben.

Ober-/ Unterhitze: etwa 180 °C (vorgeheizt)
Heißluft: –
Gas: etwa Stufe 4 (vorgeheizt)
Backzeit: etwa 20 Minuten.

5. Die Biskuitböden lösen, auf einem mit Backpapier belegten Kuchenrost stürzen, erkalten lassen. Die Böden jeweils zweimal waagerecht durchschneiden.

6. Für die Füllung die Konfitüre verrühren, die Böden damit bestreichen und wieder aufeinander setzen.

7. Die Sahne mit Sahnesteif und Zucker steif schlagen und das Bourbon-Vanille-Aroma unterrühren. Die Törtchen rundum mit der Sahne bestreichen und kalt stellen.

8. Zum Garnieren Marzipan mit Puderzucker verkneten und nach Wunsch einfärben und ausrollen. Beliebige Formen ausstechen oder Figuren formen und auf die Törtchen legen. Zuletzt mit Mandeln bestreuen.

Tipp:
Jeweils auch etwas von der Schlagsahne zwischen die Böden streichen.

DIE ZUTATEN:

FÜR DEN KNETTEIG:
150 g WEIZENMEHL
30 g ZUCKER
75 g WEICHE BUTTER
2 EIGELB
JE ½ TL ABGERIEBENE
ZITRONEN- UND
ORANGENSCHALE
(UNBEHANDELT)
1 TL VANILLIN-ZUCKER
1 PRISE SALZ

FÜR DIE FÜLLUNG:
150 g HASELNUSSKERNE
OHNE HAUT
1 EL WEICHE BUTTER
2 TL PUDERZUCKER
150 ml SCHLAGSAHNE
25 g WEICHE BUTTER
150 g VOLLMILCH-
SCHOKOLADE ODER HALB
VOLLMILCH- HALB
ZARTBITTER-SCHOKOLADE

30 g WEISSE
SCHOKOLADE

NUSS-SAHNE-SCHIFFCHEN

(ETWA 16 STÜCK)

1. Für den Teig alle Zutaten in einer Schüssel mit dem Handrührgerät mit Knethaken zu einem glatten Teig verarbeiten, auf der Arbeitsfläche zu einer Kugel formen und in Frischhaltefolie verpackt 60–90 Minuten in Kühlschrank ruhen lassen.

2. Den Teig auf einer bemehlten glatten Fläche 2–3 cm dünn ausrollen. Die gefetteten Schiffchenformen mit dem Teig auslegen und mit einer Gabel mehrmals einstechen. Die Förmchen auf dem Rost in den Backofen schieben.

Ober-/Unterhitze: etwa 200 °C (vorgeheizt)
Heißluft: etwa 180 °C (vorgeheizt)
Gas: etwa Stufe 4 (vorgeheizt)
Backzeit: 10–15 Minuten.

3. Für die Füllung die Haselnusskerne mit der Butter in einer Pfanne hellbraun anrösten, mit Puderzucker bestreuen und karamellisieren. Etwa 16 Nüsse (Anzahl der Schiffchen entsprechend) beiseite stellen, die restlichen Nüsse grob hacken.

4. Nach dem Auskühlen die Schiffchen vorsichtig aus den Formen stürzen.

5. Die Schlagsahne und die Butter in einem Topf langsam aufkochen lassen, von der Kochstelle nehmen. Die Sckokolade in Stücke brechen, zugeben und unter Rühren schmelzen. Die gehackten, karamellisierten Haselnüsse unterheben und die Schiffchen mit der Masse füllen.

6. Jedes Schiffchen mit einer ganzen Haselnuss garnieren und auskühlen lassen, damit die Nuss-Schoko-Masse fest wird.

7. Die weiße Schokolade im heißen Wasserbad schmelzen lassen, in ein kleines Pergamentpapiertütchen geben, die Spitze abschneiden und die Nuss-Sahne-Schiffchen dekorieren.

FASCHINGSBERLINER

(8–10 Stück)

1. Für den Teig das Mehl in eine Rührschüssel sieben und mit der Hefe sorgfältig vermischen. Alle übrigen Zutaten hinzufügen und mit dem Handrührgerät mit Knethaken zunächst auf niedrigster, dann auf höchster Stufe in etwa 5 Minuten zu einem Teig verarbeiten.

2. Den Teig so lange an einem warmen Ort gehen lassen, bis er sich sichtbar vergrößert hat, ihn dann auf höchster Stufe nochmals gut durchkneten.

3. Den Teig etwa ½ cm dick ausrollen und Kreise (Ø etwa 7 cm) ausstechen.

4. Die Hälfte der Teigplatten am Rand dünn mit Eiweiß bestreichen. In die Mitte jeweils etwas Konfitüre geben. Die übrigen Teigplatten darauf legen. Die Teigränder gut andrücken.

5. Die Teigstücke nochmals an einem warmen Ort so lange gehen lassen, bis sie sich sichtbar vergrößert haben.

6. Die Bällchen schwimmend in siedendem Ausbackfett auf beiden Seiten backen, mit einem Schaumlöffel herausnehmen, auf einem Kuchenrost abtropfen lassen und in Zucker wälzen oder verzieren.

7. Zum Verzieren den Puderzucker mit dem Wasser zu einer dickflüssigen Glasur verrühren. Mit der Glasur, den bunten Schokoladenlinsen oder anderen Süßigkeiten Gesichter auf den Berlinern dekorieren. Für die Berliner aus Tonpapier kleine Hütchen basteln und auf, bzw. an die Berliner legen.

DIE ZUTATEN:

FÜR DEN HEFETEIG:
250 g WEIZENMEHL
½ PCK. TROCKENHEFE
15 g ZUCKER
½ PCK. VANILLIN-ZUCKER
2 TROPFEN BITTERMANDEL-AROMA
½ GESTR. TL SALZ
1 EI (GRÖSSE M)
1 EIGELB (GRÖSSE M)
60 ml LAUWARME MILCH
50 g ZERLASSENE, ABGEKÜHLTE BUTTER

1 EIWEISS (GRÖSSE M)
APRIKOSEN- ODER ERDBEER-KONFITÜRE

1,5 kg AUSBACKFETT

ZUM VERZIEREN:
ZUCKER
50 g GESIEBTER PUDERZUCKER
1–2 TL WASSER
SCHOKOLADENLINSEN, WEINGUMMIS ODER ANDERE SÜSSIGKEITEN

FÜR DEN RÜHRTEIG:
65 g BUTTER ODER
MARGARINE
90 g ZUCKER
1 PCK. VANILLIN-ZUCKER
5 TROPFEN BUTTER-
VANILLE-AROMA
1 PRISE SALZ
2 EIER (GRÖSSE M)
250 g WEIZENMEHL
3 GESTR. TL BACKPULVER
100 ml MILCH

ZUM BESTREICHEN:
MILCH

FÜR DEN GUSS:
200 g GESIEBTER PUDER-
ZUCKER
2–3 EL ZITRONENSAFT
KAKAOPULVER
SPEISEFARBE

KINDER DIESER WELT

(12 STÜCK – FOTO)

1. Für den Rührteig Butter oder Margarine mit dem Handrührgerät mit Rührbesen auf höchster Stufe geschmeidig rühren. Nach und nach Zucker, Vanillin-Zucker, Butter-Vanille-Aroma und Salz unterrühren, so lange rühren, bis eine gebundene Masse entstanden ist. Die Eier nach und nach unterrühren (jedes Ei etwa ½ Minute).

2. Das Mehl mit Backpulver mischen, sieben und abwechselnd mit Milch portionsweise auf mittlerer Stufe unterrühren. Mit Hilfe von 2 Esslöffeln etwa 12 Häufchen, nicht zu dicht nebeneinander, auf 2 mit Backpapier belegte Backbleche setzen und mit einem feuchten Messer etwas nachformen. Ein Backblech in den Backofen schieben.

Ober-/Unterhitze: etwa 200 °C (vorgeheizt)
Heißluft: etwa 180 °C (vorgeheizt)
Gas: etwa Stufe 4 (vorgeheizt)
Backzeit: 20–25 Minuten.

3. Nach etwa 15 Minuten Backzeit die Gebäckoberfläche mit Milch bestreichen. Nach dem Backen das Gebäck auf einem Kuchenrost erkalten lassen. Das zweite Backblech auf dieselbe Weise backen.

4. Für den Guss Puderzucker mit Zitronensaft zu einem dickflüssigen Guss verrühren, in kleine Schalen verteilen und mit Kakao und Speisefarbe einfärben. Die Gebäckunterseiten damit bestreichen und trocknen lassen. Das Gebäck dazu am besten auf eine Tasse legen.

5. Den restlichen Guss in Papiertütchen füllen, jeweils eine kleine Spitze abschneiden und Gesichter auf das Gebäck malen.

Tipp:
Die Gesichter können auch mit Hilfe von Kokosraspeln, Weingummischnüren, Marzipan, Lakritzschnecken (z.B. als Brille) u.ä. dekoriert werden. Das Gebäck eignet sich gut für einen Kindergeburtstag. Es kann auch gut in die Schule oder Kindergarten mitgenommen werden.

FÜR DEN HEFETEIG:
200 g WEIZENMEHL
½ PCK. TROCKENHEFE
40 g ZUCKER
½ PCK. VANILLIN-ZUCKER
1 PRISE SALZ
1 EI (GRÖSSE M)
75 ml LAUWARME MILCH
40 g ZERLASSENE,
ABGEKÜHLTE BUTTER

FÜR DIE FÜLLUNG:
125 g GEMAHLENER
MOHN
125 ml (⅛ l) KOCHENDES
WASSER
2–3 EL HONIG
½ PCK. VANILLIN-ZUCKER
40 g RUM-ROSINEN (ODER
30 g ROSINEN MIT 2 EL
RUM EINGEWEICHT)

MOHNSCHNECKEN *(16 STÜCK)*

1. Für den Hefeteig das Mehl in eine Rührschüssel sieben und mit der Hefe sorgfältig vermischen. Zucker, Vanillin-Zucker, Salz, Ei, Milch und Butter hinzufügen. Die Zutaten mit dem Handrührgerät mit Knethaken zunächst auf niedrigster, dann auf höchster Stufe in etwa 5 Minuten zu einem Teig verarbeiten.

2. Den Teig zugedeckt an einem warmen Ort so lange gehen lassen, bis er sich sichtbar vergrößert hat.

3. Für die Füllung den Mohn mit Wasser übergießen und verrühren, bis eine geschmeidige Masse entstanden ist. Den Honig, Vanillin-Zucker und die Rosinen unterrühren.

4. Den Teig auf der bemehlten Arbeitsfläche nochmals kurz durchkneten und den Teig 40 x 25 cm ausrollen. Auf den Teig die Füllung streichen, an der breiten Seite 2 cm frei lassen, mit Wasser bestreichen, von der kürzeren Seite aufrollen, in 16 Stücke schneiden und auf ein mit Backpapier belegtes Backblech legen, nochmals 20 Minuten gehen lassen, dann in den Backofen schieben.

Ober-/Unterhitze: etwa 200 °C (vorgeheizt)
Heißluft: etwa 180 °C (vorgeheizt)
Gas: etwa Stufe 4 (vorgeheizt)
Backzeit: etwa 20 Minuten.

Tipp:
Für die Mohnschnecken
nach Belieben 2-3
Esslöffel Aprikosen-
konfitüre unter Rühren
erhitzen und auf das
etwas abgekühlte
Gebäck streichen.

MINI-ADVENTSSTOLLEN

(12–16 STÜCK)

1. Für den Teig die Rosinen mit dem Rum 2–3 Stunden durchziehen lassen.

2. Die Milch mit Zucker (1 TL), Vanillin-Zucker, Salz und der Hefe verrühren und 15 Minuten gehen lassen. Das Mehl in eine Rührschüssel sieben, den Zucker (85 g), die Butter, das Ei, das Aroma, die Gewürze und den Vorteig zugeben und mit dem Handrührgerät mit Knethaken in etwa 5 Minuten zu einem glatten Teig verkneten.

3. Die restlichen Zutaten zugeben und alles gut verkneten. Den Teig abgedeckt so lange an einem warmen Ort gehen lassen, bis er sich sichtbar vergrößert hat.

4. Den Teig in 12–16 Stücke teilen und jeweils zu kleinen Stollen formen. Die Stollen auf ein mit Backpapier belegtes Backblech legen, nochmals etwa 25 Minuten an einem warmen Ort gehen lassen, dann in den Backofen schieben.

Ober-/Unterhitze: etwa 180 °C (vorgeheizt)
Heißluft: etwa 160 °C (nicht vorgeheizt)
Gas: etwa Stufe 3 (vorgeheizt)
Backzeit: 35–40 Minuten.

4. Die Stollen noch heiß mit der zerlassenen Butter bestreichen und dann dick mit dem Puderzucker bestäuben.

DIE ZUTATEN:

FÜR DEN HEFETEIG:
250–375 g GROB GEHACKTE ROSINEN
75–100 ml RUM
150 ml MILCH
1 TL ZUCKER
1 PCK. VANILLIN-ZUCKER
1 PRISE SALZ
1 WÜRFEL (42 g) FRISCHE HEFE
500 g WEIZENMEHL
85 g ZUCKER
150 g ZERLASSENE BUTTER
1 EI (GRÖSSE M)
4 TROPFEN BITTERMANDEL-AROMA
JE 1 MSP. KARDAMOM, MUSKATBLÜTE, INGWER, ZIMT UND NELKEN
ABGERIEBENE SCHALE VON ½ ORANGE ODER ½ PCK. ORANGENFRUCHT (UNBEHANDELT)
100 g ABGEZOGENE, GEHACKTE MANDELN
100 g ABGEZOGENE, GEMAHLENE MANDELN
50 g FEIN GEWÜRFELTES ZITRONAT
50 g FEIN GEWÜRFELTES ORANGEAT
½ FLÄSCHCHEN BUTTER-VANILLE-AROMA

100 g ZERLASSENE BUTTER
50 g PUDERZUCKER

KALTE
BACKIDEEN

*PHILADELPHIA-
TORTE,
REZEPT SEITE 82*

DIE ZUTATEN:

FÜR DEN BODEN:
100 g LÖFFELBISKUITS
50 g BUTTER

FÜR DIE FÜLLUNG:
1 BEUTEL AUS 1 PCK.
GÖTTERSPEISE ZITRONE-
GESCHMACK (FÜR 500 ml
FLÜSSIGKEIT)
300 ml WASSER
65 g ZUCKER
100 g DOPPELRAHM-
FRISCHKÄSE
1 EL ZITRONENSAFT
200 ml SCHLAGSAHNE
LIMETTEN- UND
ZITRONENSCHALEN-
STREIFEN (UNBEHANDELT)

PHILADELPHIA-TORTE

(SPRINGFORMRAND: Ø 18 CM – FOTO SEITE 80/81)

1. Für den Boden die Löffelbiskuits in eine Plastiktüte geben, die Tüte verschließen, die Löffelbiskuits mit einer Teigrolle zerdrücken und in eine Schüssel geben.

2. Die Butter zerlassen, zu den Löffelbiskuits geben und gut verrühren. Den Spring-formrand auf eine kleine Tortenplatte stellen. Die Löffelbiskuitmasse gleichmäßig darin verteilen (1 Esslöffel davon zum Garnieren zurücklassen) und mit einem Löffel gut andrücken. Kühl stellen.

3. Für die Füllung Götterspeise mit Wasser und Zucker anrühren und 10 Minuten zum Quellen stehen lassen. Die gequollene Götterspeise unter Rühren erhitzen, bis sie gelöst ist. 1/3 der Götterspeise auf einen tiefen Teller gießen und abkühlen lassen.

4. Den Frischkäse und Zitronensaft verrühren und die restlichen 2/3 Götterspeise unterrühren. Wenn die Masse anfängt dicklich zu werden, Sahne steif schlagen und unterheben. Die Creme in die Form füllen und glatt streichen. Die Torte etwa 2 Stunden kühl stellen.

5. Die Torte vom Springformrand lösen. Die Götterspeise auf dem Teller in Würfel schneiden und die Tortenoberfläche damit garnieren. Den Rand der Torte mit Hilfe eines Messers mit der zurückgelassenen Löffelbiskuitmasse garnieren. Den Rand der Torteplatte mit den Limetten- und Zitronenschalenstreifen bestreuen.

Tipp:
Die Torte nach Belieben zusätzlich mit Melisseblättchen oder Erdbeeren garnieren.

DIE ZUTATEN:

85 g KOKOSFETT
1 EI (GRÖSSE M)
75 g GESIEBTER
PUDERZUCKER
20 g GESIEBTES
KAKAOPULVER
ETWA 12 BUTTERKEKSE

KAKAOPULVER

KALTER HUND

(KASTENFORM: 11,5 X 8,5 CM – FOTO)

1. Das Kokosfett zerlassen und abkühlen lassen.

2. Das Ei mit Puderzucker und Kakao verrühren und das Kokosfett unterrühren. Die Kastenform mit Back- oder Pergamentpapier auslegen und abwechselnd Kakao-creme und Kekse einschichten.

3. Die Kastenform in den Kühlschrank stellen und den kalten Hund fest werden lassen (am besten über Nacht).

4. Den kalten Hund dann stürzen, das Papier abziehen, mit Kakao bestäuben und das Gebäck in 1 cm dicke Scheiben schneiden.

500 ml FERTIGE
EISCREME, Z.B.
CAPPUCCINO-EISCREME,
SCHOKOLADEN-EISCREME
6 FERTIGE SCHOKOLADEN-
SCHÄLCHEN
6 FERTIGE BAISER-
SCHALEN

EISWICHTEL

(6 SCHOKOLADENSCHÄLCHEN: Ø ETWA 6 CM)

1. Die Eiscreme so lange antauen lassen, bis sie cremig ist. Die Eiscreme dann kuppelartig in die Schokoladenschälchen streichen. Die Eisschalen in die Tiefkühltruhe stellen und wieder gefrieren lassen.

2. Vor dem Servieren die Baiserschalen über das Eis stülpen.

Abwandlung: Eisgugelhupf.
Für einen Eisgugelhupf 4 Baiserschalen grob zerhacken. Die angetaute Eiscreme damit vermengen, die Masse in eine Napfkuchenform (Ø 16 cm) füllen und in der Tiefkühltruhe gefrieren lassen (am besten über Nacht). Die Form etwa 10 Minuten vor dem Servieren herausnehmen und bei Zimmertemperatur stehen lassen. Den Eisgugelhupf auf einen Teller stürzen und nach Belieben mit frischen, vorbereiteten Früchten oder mit geschlagener Sahne servieren.

Früchte-Joghurt-Torte

(Springformrand: Ø 20 cm)

1. Für den Boden die Löffelbiskuits in eine Plastiktüte geben, die Tüte verschließen, die Löffelbiskuits mit einer Teigrolle zerdrücken und in eine Schüssel geben.

2. Die Butter zerlassen, zu den Löffelbiskuits geben und gut verrühren. Den Springformrand oder einen Tortenring auf eine kleine Tortenplatte stellen. Die Löffelbiskuitmasse gleichmäßig darin verteilen und mit einem Löffel gut andrücken. Kühl stellen.

3. Für die Füllung die Gelatine in wenig kaltem Wasser einweichen. Joghurt mit Zucker, Vanillin-Zucker und Zitronensaft verrühren. Die Gelatine auflösen und unter die Joghurtcreme rühren.

4. Wenn die Creme beginnt dicklich zu werden, Sahne steif schlagen und unterheben. Die Creme auf den Boden füllen und glatt streichen. Die Torte etwa 2 Stunden kalt stellen.

5. Die Torte mit dem vorbereiteten Obst belegen. Aus Tortenguss und Apfelsaft nach Packungsanleitung einen Guss zubereiten und über das Obst geben. Die Torte kalt stellen. Vor dem Servieren den Springformrand (Tortenring) entfernen.

DIE ZUTATEN:

FÜR DEN BODEN:
100 g LÖFFELBISKUITS
50 g BUTTER

FÜR DIE FÜLLUNG:
4 BLATT WEISSE GELATINE
150 g SAHNEJOGHURT
50 g ZUCKER
1 PCK. VANILLIN-ZUCKER
1 EL ZITRONENSAFT
200 ml SCHLAGSAHNE

FÜR DEN BELAG:
400 g VORBEREITETES, FRISCHES OBST DER SAISON, Z.B. ERDBEEREN, NEKTARINEN, PFIRSICHE
½ PCK. GEZUCKERTER TORTENGUSS, KLAR
125 ml (⅛ l) APFELSAFT

Tipp:
Nach Belieben Tortenrand mit gebrannten Mandeln garnieren.

DIE ZUTATEN:

FÜR DEN BODEN:

100 g ZARTBITTER-
SCHOKOLADE

50 g VOLLMILCH-
SCHOKOLADE

50 g CORNFLAKES

FÜR DEN KIRSCHBELAG:

1 GLAS (720 ml)
ENTSTEINTE
SAUERKIRSCHEN

½ ZIMTSTANGE

2 GESTR. EL ZUCKER

20 g SPEISESTÄRKE

2 EL WASSER

FÜR DIE CREME:

5 BLATT WEISSE GELATINE

100 g DOPPELRAHM-
FRISCHKÄSE

250 g MAGERQUARK

70 g ZUCKER

1 PCK. VANILLIN-ZUCKER

SAFT VON ½ ZITRONE

200 ml SCHLAGSAHNE

QUARK-KIRSCH-TORTE

(SPRINGFORM: Ø 20 CM – FOTO)

1. Für den Boden Zartbitter- und Vollmilchschokolade grob zerkleinern, in einem kleinen Topf im Wasserbad bei schwacher Hitze zu einer geschmeidigen Masse verrühren. Cornflakes unterrühren, die Masse in die Springform (Boden ist mit Speiseöl bestrichen) füllen und gut verteilen. Kühl stellen, bis der Boden fest geworden ist.

2. Für den Kirschbelag die Kirschen auf einem Sieb abtropfen lassen, dabei den Saft auffangen. 125 ml (⅛ l) davon abmessen und beiseite stellen. Den restlichen Kirschsaft mit Zimt und Zucker aufkochen lassen. Speisestärke mit Wasser anrühren und den Kirschsaft damit binden. Die Kirschen unterheben und erkalten lassen.

3. Die Zimtstange aus der erkalteten Kirschmasse entfernen, die Masse auf den Boden streichen und wieder kalt stellen.

4. Drei Blatt Gelatine in wenig kaltem Wasser einweichen. Frischkäse, Quark, Zucker, Vanillin-Zucker und Zitronensaft verrühren. Die Gelatine auflösen, erst mit etwas von der Quarkcreme verrühren, dann unter die restliche Quarkcreme rühren.

5. Wenn die Creme anfängt zu gelieren, die Sahne steif schlagen und unterheben. Die Quark-Sahne-Creme auf die Kirschen streichen und die Torte etwa 60 Minuten kalt stellen.

6. Die restliche Gelatine wie oben einweichen, auflösen, mit dem abgemessenen Kirschsaft verrühren und kühl stellen. Sobald der Saft anfängt zu gelieren, ihn esslöffelweise auf die Quark-Sahne-Creme geben und erneut kalt stellen.

Tipp:

Nach Belieben nur etwa zwei Drittel der Sahne unter die Creme rühren. Vor dem Servieren die restliche Sahne in einen Spritzbeutel füllen und die Torte damit verzieren.

DIE ZUTATEN:

FÜR DEN BELAG:
250 g VOLLMILCH-
SCHOKOLADE
250 ml (¼ l) SCHLAG-
SAHNE
150 g GEMAHLENE
HASELNUSSKERNE
150 g EISWAFFELN OHNE
FÜLLUNG, Z.B. EISWAFFEL-
HERZEN
50 g WEICHE BUTTER
80 g ZUCKER
1 PCK. VANILLIN-ZUCKER

FÜR DEN BODEN:
50 g BUTTER
100 g ZUCKER
100 g ABGEZOGENE,
GEHOBELTE MANDELN
100 ml SCHLAGSAHNE

1 PCK. (100 g)
KUCHENGLASUR
EINIGE SCHOKOLADEN-
MEERESFRÜCHTE
(BELGISCHES KONFEKT)

Tipp:
Nach Belieben 50 g der
Mandeln für den Boden
durch Cornflakes aus-
tauschen.

FRUTTI-DI-MARE-KUPPEL

(BOMBENFORM: Ø 20 CM)

1. Für den Belag die Schokolade grob zerkleinern, in der Sahne unter ständigem Rühren so lange erhitzen, bis die Schokolade geschmolzen ist und erkalten lassen.

2. Die Haselnüsse in einer Pfanne ohne Fett anrösten und erkalten lassen. Die Eis-waffeln in einen Gefrierbeutel geben, den Beutel verschließen und die Waffeln mit einer Teigrolle zerdrücken.

3. Die Butter schaumig rühren, nach und nach Zucker und Vanillin-Zucker unterrühren. Die Schokoladensahne mit dem Handrührgerät mit Rührbesen auf-schlagen und unter die Butter rühren. Zum Schluss die Haselnüsse und Waffeln unterrühren. Die Masse in eine mit Klarsichtfolie ausgelegte Bombenform füllen und über Nacht kalt stellen.

4. Für den Boden die Butter in einem Topf zerlassen und den Zucker unter Rühren darin auflösen. Wenn die Masse zu bräunen beginnt, die Mandeln unterrühren. Den Topf von der Kochstelle nehmen und langsam unter Rühren die Sahne zugeben.

5. Unter Rühren weiterkochen, bis die Masse dicklich eingekocht, aber nicht braun ist. Auf einem mit Speiseöl bestrichenen Stück Alufolie einen Kreis (Ø 22 cm) mar-kieren. Die Masse mit Hilfe eines feuchten Löffels in dem Kreis verteilen und flach drücken. Den Boden erkalten lassen.

6. Den Mandelboden von der Alufolie lösen und auf eine Tortenplatte legen. Die Füllungsmasse auf den Boden stürzen und die Klarsichtfolie abziehen. Die Kuchenglasur nach Packungsanleitung auflösen und die Kuppel damit überziehen. Die Kuppel mit den Meeresfrüchten dekorieren.

KNUSPER-EISTORTE

(SPRINGFORM: Ø 18 CM)

1. Für den Boden die Waffeln in einen Gefrierbeutel geben, den Beutel verschließen, die Waffeln mit einer Teigrolle fein zerdrücken und in eine Schüssel geben.

2. Die Gebäckbrösel mit der Butter vermengen, in eine Springform (Boden gefettet) füllen, andrücken und gefrieren lassen.

3. Für den Belag Eigelb mit Zucker und Vanillin-Zucker schaumig rühren. Marzipan-Rohmasse auf einer groben Reibe raspeln, dazugeben und zu einer geschmeidigen Masse rühren.

4. Von der Orange die Schale abreiben, den Saft auspressen. Orangenschale und 2 Esslöffel Orangensaft mit dem Orangenlikör zu der Eigelbcreme geben und unterrühren. Die Sahne steif schlagen und unterheben. Die Creme in einer flachen Schüssel etwa 1 ½ Stunden gefrieren lassen, bis das Eis streichfähig ist.

5. Die erste Schicht Eis etwa 3 cm dick auf den Waffelboden streichen und darüber eine dünne Schicht Schokoladenglasur spritzen, so dass das Eis bedeckt ist. Die Schicht kurz gefrieren lassen.

6. Dann die zweite Eisschicht einfüllen, mit Schokoladenglasur abdecken und wieder gefrieren lassen. So lange fortfahren, bis das Eis aufgebraucht ist. Die letzte Schicht sollte aus Eis bestehen. Die Torte mindestens 3 Stunden gefrieren lassen.

7. Die Torte aus der Form lösen, mit Schokoladenglasur besprenkeln und nach Belieben mit Orangenfilets und -schale garnieren. Zum Servieren mit dem elektrischen Messer schneiden.

DIE ZUTATEN:

FÜR DEN BODEN:
120 g WAFFELN OHNE FÜLLUNG, Z.B. EISWAFFEL-HERZEN
50 g WEICHE BUTTER

FÜR DEN BELAG:
3 EIGELB (GRÖSSE M)
60 g ZUCKER
1 PCK. VANILLIN-ZUCKER
60 g MARZIPAN-ROHMASSE
1 KLEINE SAFTORANGE (UNBEHANDELT)
1 EL ORANGENLIKÖR
300 ml SCHLAGSAHNE
125 ml (⅛ l) FLÜSSIGE SCHOKOLADENGLASUR FÜR EIS

EVTL. ORANGENFILETS UND ORANGENSCHALE

DIE ZUTATEN:

FÜR DEN BODEN:

2 GEBÄCKROLLEN MIT
Z.B. SCHOKOCREME-
FÜLLUNG (JE 300 g)

FÜR DIE FÜLLUNG:

4 BLATT WEISSE GELATINE

2 PCK. TIRAMISU-
DESSERTPULVER (FÜR
375 ml FLÜSSIGKEIT)

200 ml MILCH

200 ml SCHLAGSAHNE

500 g MASCARPONE

4 EL AMARETTO

70 g AMARETTINI

2 TL KAKAOPULVER

DIE ZUTATEN:

FÜR DEN BELAG:

1 PCK. WEISSE GELATINE,
GEMAHLEN

5 EL WASSER

300 g VOLLMILCHJOGHURT

50 g ZUCKER

1 PCK. VANILLIN-ZUCKER

2 EL ZITRONENSAFT

125 ml (⅛ l) MILCH

12 HEIDESANDPLÄTZCHEN
(Ø 10 cm, VOM BÄCKER)

300 g VORBEREITETE
FRÜCHTE, Z.B. HIMBEEREN,
BROMBEEREN, JOHANNIS-
BEEREN, KARAMBOLE

FÜR DEN GUSS:

½ PCK. TORTENGUSS,
KLAR

125 ml (⅛ l) WASSER

TIRAMISU-CHARLOTTE
(SCHÜSSEL: Ø 20–22 CM – FOTO)

1. Die Gebäckrollen in etwa 1 cm dicke Scheiben schneiden. Eine Schüssel mit Klarsichtfolie auslegen. Die Gebäckscheiben eng einschichten (einige zum Belegen der Creme zurücklassen).

2. Für die Füllung die Gelatine nach Packungsanleitung einweichen. Das Dessertpulver mit Milch und Sahne nach Packungsanleitung, aber nur mit 200 ml Milch und 200 ml Sahne, zubereiten. Mascarpone und Amaretto unterrühren.

3. Die Gelatine ausdrücken, auflösen und unterrühren. Die Amarettini zugeben, die Masse in die Schüssel füllen und glatt streichen. Mit den restlichen Gebäckscheiben belegen. Die Charlotte über Nacht kalt stellen.

4. Die Charlotte auf eine Platte stürzen und die Klarsichtfolie abziehen. Mit Kakao bestäuben.

Tipp:
Die Charlotte nach Belieben vor dem Bestäuben mit Kakao mit Schlagsahne verzieren.

JOGHURT-TÖRTCHEN (12 STÜCK)

1. Für den Belag die Gelatine mit dem Wasser in einem kleinen Topf anrühren und 10 Minuten zum Quellen stehen lassen. Joghurt mit Zucker, Vanillin-Zucker, Zitronensaft und Milch verrühren.

2. Die Gelatine unter Rühren erwärmen, bis sie gelöst ist. Etwas von der Joghurtmasse in die Gelatinelösung rühren. Diese dann in die Joghurtmasse rühren und kalt stellen.

3. Um jedes Plätzchen einen gefalteten Streifen aus Alufolie (etwa 4 cm hoch) legen und mit Klebestreifen verschließen. Sobald die Joghurtmasse anfängt dicklich zu werden, sie auf die „Förmchen" verteilen und etwa 2 Stunden kalt stellen, bis die Masse fest geworden ist.

4. Die Alufolie mit Hilfe eines Messers lösen und die Törtchen mit den vorbereiteten Früchten belegen.

5. Für den Guss aus Tortenguss und Wasser nach Packungsanleitung einen Guss zubereiten und die Früchte damit bestreichen.

Abwandlung: Anstelle der Heidesandplätzchen können auch runde, mit Schokocreme gefüllte Butterkekse verwendet werden.

RATGEBER

Formen

Kleine Backformen sind mittlerweile im Handel nicht nur in den verschiedensten Formen, sondern auch in unterschiedlichen Materialien und Preislagen zu bekommen. Da gibt es kleine Springformen (auch mit Rohrboden), Napfkuchenformen, Kastenformen und vieles mehr, so dass man eigentlich alle Lieblingskuchen und -torten auch im Miniformat backen kann.

Bei jedem Rezept in diesem Buch ist die Größe der verwendeten Backformen angegeben. Dazu wurden die Formen randvoll mit Wasser gefüllt ausgemessen. Hier die Größen und Inhalte der Formen auf einen Blick:

Bombenform Ø 20 cm:	1800 ml
Briocheform Ø 14 cm:	500 ml
Herzform	250 ml
Kastenform Länge 20 cm:	1250 ml
Kastenform: 11,5 x 8,5 cm	200 ml
Kastenförmchen 9 x 6 cm:	150 ml
Napfkuchenform Ø 16 cm:	1150 ml
Kranzform Ø 20 cm:	1300 ml
Springform Ø 16 cm:	1150 ml
Springform Ø 18 cm:	1250 ml
Springform mit Rohrboden Ø 22 cm:	1500 ml
Springform Ø 20 cm:	1650 ml
Sternbackform:	400 ml
Sternbackform:	1250 ml
Tarteform: Ø 20 cm	
Torteletteförmchen Ø 8 cm:	
Backblech:	Innenmaße 35 x 18,5 cm
	(Außenmaße 40 x 26 cm)

Bei den Rezepten, in denen ein Backblech verwendet wird, haben wir zur Unterscheidung zu einem „normalen" Backblech von 38 x 28 cm die Innenmaße 36 x 18,5 cm angegeben (auf der Verpackung sind normalerweise die Außenmaße 40 x 26 cm angegeben). Wer kein kleines Backblech besitzt, kann einen Backrahmen einsetzen, der sich auf die gewünschte Größe einstellen lässt und auf das Backblech gesetzt wird

oder man teilt das Backblech auf etwa der Hälfte mit einem Streifen Alufolie ab. Auch für die Zubereitung von Kleingebäck ist nicht unbedingt ein kleines Backblech notwendig.

Ersatzformen:

Wer bestimmte Formen nicht hat oder den entsprechenden Kuchen in einer anderen Form backen möchte, kann anhand der Inhaltsangaben auch andere Formen verwenden, wie z.B. kleine Auflaufformen. Dabei muss man allerdings beachten, dass sich je nach Höhe der Form evtl. die Backtemperatur oder -zeit ändern kann. Am besten macht man die Stäbchenprobe: ein Holzstäbchen wird an der dicksten Stelle in den Kuchen gestochen. Ist das Hölzchen trocken und haftet kein Teig mehr daran, ist der Kuchen gar.

Man kann auch selber Formen aus Alufolie herstellen. Dazu nimmt man Tetrapacks, Schüsseln oder andere Gegenstände, die die gewünschte Form und Größe haben, legt ein entsprechend großes Stück Alufolie (glänzende Seite nach oben) darüber, drückt die Folie rundherum gut an und entnimmt dann den Gegenstand. Es ist nicht notwendig, die Aluförmchen zu fetten, da die Folie nach dem Backen einfach abgezogen werden kann.

Ein weiterer, pfiffiger Ersatz für kleine Backformen sind z. B. fabrikneue Tonblumentöpfe, die vor der Verwendung gründlich gesäubert und gewässert werden. Oder Einkochgläser, die sich auch gleich zur Aufbewahrung des Kuchens anbieten.

Allgemeines
Eier

Eier sind eine entscheidende Zutat beim Backen. Sie werden entsprechend ihrer Frische in Güteklassen und hinsichtlich ihres Gewichtes in Gewichtsklassen eingeteilt. Die früher verwendeten Gewichtsklassen 1–7 wurden durch 4 neue Gewichtsklassen ersetzt:

S/klein: unter 53 g
M/mittel: 53 bis unter 63 g
L/groß: 63 bis unter 73 g
XL/sehr groß : 73 g und darüber.

RATGEBER

Zum Backen werden normalerweise Eier der Größe M verwendet. Wenn bestehende Rezepte für kleine Backformen verwendet (d. h. halbiert) werden sollen, können z. B. 5 Eier (Größe M) auf 2 Eier (Größe L) umgerechnet werden.

Backformen vorbereiten

Backformen mit weicher Butter oder Margarine (nicht mit Öl!) gleichmäßig einfetten. Gugelhupf- oder Kastenform evtl. mit Weizenmehl, Semmelbröseln, Kokosraspeln, gemahlenen Nüssen oder Mandeln ausstreuen. Überschüssiges Mehl oder Semmelbrösel durch Klopfen auf die Form und Umdrehen abstoßen. Backbleche und Springformen können auch mit Backpapier ausgelegt werden. Das Papier für eine Springform lässt sich am besten so herstellen:
Die Form umdrehen (Boden nach oben), das Backpapier darauf legen. Mit einem Messerrücken das am Rand überstehende Papier abstreifen. Den Boden an etwa 4 Stellen mit streichfähiger Butter oder Margarine einfetten – am besten mit einem Pinsel. Den Rand nicht fetten. Das Papier auf den Boden legen, mit den Händen glatt streichen, so dass keine Unebenheiten oder Falten entstehen, und gut andrücken.

Backformen in den Backofen einschieben

Gefüllte Backformen zum Backen immer auf dem Rost in den Backofen schieben und nicht auf den Backofenboden stellen. Das Gebäck würde zu dunkel werden. Hohe und halbhohe Formen werden im allgemeinen auf dem Rost auf die untere und flache Formen auf die mittlere Einschubleiste geschoben. Bei der Einschubhöhe die Anweisungen des Herd-Herstellers beachten. Bei den kleinen Formen können bei Bedarf auch mehrere gleichzeitig auf dem Rost in den Backofen geschoben werden. Das kleine Backblech passt im Normalfall nicht in die Einschubleisten der herkömmlichen Backöfen, weshalb es auf dem Rost in den Backofen geschoben werden muss.

Kuchen aus Formen lösen und auskühlen lassen

Kuchen in Kastenformen etwa 10 Minuten abkühlen lassen, dann vorsichtig vom Backformrand lösen, stürzen oder herausnehmen. Gebäck in Springformen etwas abkühlen lassen. Den Springformrand lösen. Je nach Rezept das Gebäck vom Springformboden abheben oder stürzen. Gebäcke in Napfkuchenformen etwa 10 Minuten stehen lassen, dann stürzen. Böden aus Obstformen sofort stürzen. Das Backpapier oder Pergamentpapier nach dem Backen vorsichtig abziehen, damit das Gebäck auskühlen kann. Das Gebäck zuerst auf einem Kuchenrost auskühlen lassen, damit der Boden nicht feucht wird. Erst danach auf die Kuchenplatte setzen.

Teigarten

Knetteige vor der Weiterverarbeitung je nach Beschaffenheit ½–1 Stunde kalt stellen. Roher Knetteig kann – gut verpackt – mehrere Tage im Kühlschrank aufbewahrt oder auch tiefgekühlt werden. Alle Knetteige nach den Angaben unter den Rezepten backen. Das Gebäck sofort aus der Form lösen oder vom Backblech nehmen. Knetteigböden in Springformen sofort nach dem Backen vom Springformboden lösen, aber darauf erkalten lassen.
Alle Rührteige nach Angaben unter den Rezepten backen.
Biskuitteige müssen sofort nach der Zubereitung gebacken werden, damit sie nicht wieder zusammenfallen und zwar nach den Angaben in den Rezepten. Für Biskuitteige ist es empfehlenswert, Springformböden und Backbleche mit Backpapier zu belegen. Bevor das Gebäck aus dem Backofen genommen wird, muss auf alle Fälle geprüft werden, ob es gar ist. Dieses am besten durch leichtes Auflegen der flachen Hand feststellen. Der gare Biskuit darf sich nicht mehr feucht anfühlen und muss in der Krume weich und watteähnlich sein. Ein zu stark ausgebackener Biskuit ist trocken und fest. Heißluft ist für das Backen von Biskuit nicht so gut geeignet, daher werden an dieser Stelle keine Backtemperaturen angegeben. Das Gebäck zum Auskühlen auf Back- oder Pergamentpapier auf einen Kuchenrost legen. Soll der Biskuitboden nicht am gleichen Tag verwendet werden, das Backpapier bis zum Gebrauch des Bodens darauf lassen.

KAPITELREGISTER

HEYNE KOCHBUCH
07/2003

2. Auflage

Herausgeber:	Genehmigte Lizenzausgabe für den Wilhelm Heyne Verlag, München, 2000
Copyright:	© 2000 by Ceres Verlag, Rudolf August Oetker KG, Bielefeld
Titelgestaltung:	Kontur Design, Bielefeld
Graphisches Konzept:	Andrea Kelger, Bielefeld
Gestaltung:	M·D·H Reiner Haselhorst, Bielefeld
Redaktion:	Jasmin Gromzik, Antje Günther
Rezeptberatung:	Annette Elges, Bielefeld
Fotos:	APR Wilkens, Hamburg
	Heinrich Bauer Service KG, Hamburg
	California Pistachio Commission, Hill & Knowlton, Frankfurt
	CMA, Bonn
	Thomas Diercks, Hamburg
	W. F. Kaiser und Co. GmbH, Diez/Lahn
	Kramp & Gölling, Hamburg
	MS & L, Oberursel
	Christiane Pries, Borgholzhausen
	Fotostudio Toelle, Bielefeld
	Brigitte Wegner, Bielefeld
	Bernd Wohlgemuth, Hamburg
Satz:	Typografika, Bielefeld
Reproduktion:	Mohn Media · Mohndruck GmbH, Gütersloh
Druck:	Mohn Media · Mohndruck GmbH, Gütersloh

Printed in Germany

ISBN 3-453-17451-8

Dr. Oetker bei Heyne

Rezepte mit Gelinggarantie

In jedem dieser sechs Bände präsentiert Dr. Oetker eine Auswahl seiner besten und beliebtesten Rezepte, die sofort und mühelos nachzukochen sind.

Alle Zubereitungsschritte sind klar und exakt beschrieben, dazu genaue Angaben zu Garzeiten und Herdeinstellungen.

Attraktive Fotos zu fast jedem Rezept machen Lust aufs Kochen und Backen.

07/2000

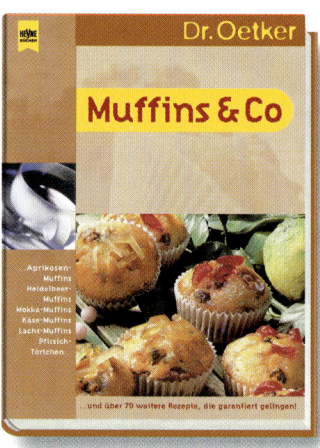

07/2001

07/2002

07/2003

07/2004

07/2005

Alle Bände:

96 Seiten, durchgehend vierfarbig,
laminierter Pappband, Format 17,5 x 24 cm
DM 14,90/öS 109,-/sFr 14,-

Außerdem erschienen:

Dr.Oetker Modetorten
After-Eight-Torte, Fantaschnitten,
Baileys-Torte, Philadelphia-Torte ...
07/4745